O Redentor

EDGARD ARMOND

O Redentor

Copyright © 1974 *Todos os direitos reservados à Editora Aliança.*
4ª edição, 4ª reimpressão, março/2025, do 139,5º ao 142,5º milheiro

Título
O Redentor

Autor
Edgard Armond

Revisão
Maria Aparecida Amaral

Diagramação
Jaqueline Silva

Capa
Jaqueline Silva

Impressão
Melting Color Gráfica e Editora Ltda.

Ficha Catalográfica

Dados Internacionais de Catalogação na Publicação (CIP)
— Câmara Brasileira do Livro | SP | Brasil —

O Redentor / Edgard Armond;
São Paulo : Editora Aliança, 2018.

ISBN: 978-85-8364-068-4 / 192 páginas

1. Espiritismo 2. Jesus Cristo - Interpretações espíritas
I. Título.

10-09894	CDD-133.901

Índice para catálogo sistemático:

1. Jesus Cristo: Doutrina espírita	133.901

Editora Aliança
Rua Major Diogo, 511 - Bela Vista - São Paulo - SP
CEP 01324-001 | Tel.: (11) 2105-2600 | @aliancalivraria
www.editoraalianca.com.br | editora@editoraalianca.com.br

Sumário

Prólogo..7

1	Evangelhos Apócrifos	13
2	A Tradição Messiânica	16
3	O Nascimento do Messias	21
4	Controvérsias Doutrinárias	26
5	Os Reis Magos	31
6	Exílio no Estrangeiro	37
7	A Cidade de Nazaré	40
8	Jerusalém	46
9	Jesus no Templo	50
10	O Grande Templo Judaico	52
11	Reis e Líderes	57
12	As Seitas Nacionais	60
13	A Fraternidade Essênia	62
14	Costumes da Época	67
15	Jesus e os Essênios	70
16	O Precursor	72
17	Início da Tarefa Pública	77
18	Os Primeiros Discípulos	80
19	Volta a Jerusalém	82
20	As Escolas Rabínicas	85
21	Nicodemo Ben Nicodemo	87
22	Regresso à Galileia	91
23	Na Sinagoga de Nazaré	94
24	A Morte de João Batista	97
25	Os Trabalhos na Galileia	100
26	Pregações e Curas	103

27	Outros Lugares	108
28	Hostilidades do Sinédrio	112
29	Maria de Magdala	114
30	O Desenvolvimento da Pregação	118
31	O Quadro dos Discípulos	121
32	Consagração e Excursões	126
33	A Cena do Tabor	129
34	As Parábolas	130
35	O Sermão do Monte	147
36	Abandono da Galileia	152
37	Últimos Atos no Interior	155
38	Últimos Dias em Jerusalém	159
39	O Encerramento da Tarefa Planetária	162
40	Prisão e Dispersão	166
41	Tribunal Judaico	171
42	O Julgamento de Pilatos	174
43	Para o Calvário	177
44	Nos Dias da Ressurreição	182
45	Conclusão	186
	Adendo	188

Prólogo

Inúmeras são as obras escritas sobre a vida e os fatos referentes a Jesus de Nazaré — o Divino Redentor da humanidade terrena —, cada uma delas apresentando-O de certa maneira, segundo pontos de vista pessoais ou sentimentais sectários.

Animando-nos a escrever este livro, outro intuito não temos que render homenagem humilde a tão excelsa entidade espiritual, tentando uma reconstituição histórica de sua última passagem pela Terra, a cuja humanidade legou a lembrança imorredoura do sacrifício da cruz e os sublimes ensinamentos do Evangelho.

Não nos iludimos quanto às dificuldades da tarefa, pois que Jesus nada escreveu de si mesmo, talvez porque sua divina presciência descortinava as deturpações que sofreriam seus ensinamentos, não querendo concorrer para as mistificações religiosas e as inevitáveis explorações de documentos e relíquias que mais tarde ocorreriam; preferia, como diz um inspirado instrutor espiritual dos nossos dias, que tais alterações fossem feitas "não sobre o que escrevesse, mas somente sobre o que outros dissessem".

Não havendo documentação original provinda de outra fonte, devemos ater-nos aos Evangelhos, codificados na Vulgata Latina, cujos veneráveis Autores não se preocuparam em mencionar os fatos cronologicamente; por outro lado, cada um deles seguiu plano diferente, ou talvez nenhum, omitindo circunstâncias e fatos que serviriam para identificar protagonistas e situar os acontecimentos em datas e lugares apropriados.

O próprio Lucas que, não tendo sido discípulo, escreveu seu trabalho lendo e ouvindo a uns e outros, anos depois do Gólgota, da mesma forma não estabeleceu a necessária ordenação histórica, a sequência justa dos fatos, provavelmente por já encontrar dificuldade em fazê-lo, não obstante ainda viverem naquela época alguns dos "Doze": Pedro e Tiago, em Jerusalém; João, em Éfeso e outros alhures.

Estas falhas, entretanto, em parte se justificam, porque cada autor escreveu isoladamente, em épocas diferentes, segundo aquilo de que se lembrava e debaixo, ainda, da emoção do drama do Gólgota e do espírito sacrificial que a todos empolgou enquanto viveram.

De outra parte, preciosas indicações e subsídios se perderam ao transitarem os pergaminhos primitivos por milhares de mãos de adeptos na Palestina e em outras partes e, ainda, por último, porque os documentos que se salvaram e chegaram às mãos do erudito padre Jerônimo, a quem o papa Damaso I, que exerceu o pontificado entre os anos 366 a 384, incumbiu de codificar o cristianismo disperso, selecionando as 44 narrativas existentes na época[1], todas com foro de autenticidade, tais documentos foram por Jerônimo desprezados em sua quase totalidade, aceitando ele somente aqueles que constavam terem sido escritos pelos apóstolos (testemunhas de vista) a saber: João e Mateus, além de Marcos (que não o fora) e ainda de Lucas, por suas ligações estreitas com Paulo de Tarso e de idoneidade comprovada, elaborando assim a codificação intitulada "Vulgata Latina" até hoje adotada, sem contestação, pela maior parte da cristandade.

Mas teriam tais Evangelhos sido escritos pessoalmente pelos Apóstolos? Comparando-se Lucas 1:1 com "Atos dos Apóstolos" 1:1 que dizem, sem exceção, nos cabeçalhos: "segundo Mateus, segundo João, segundo Lucas e segundo Marcos", enquanto o cap. 1º de Atos diz: "Fiz o primeiro tratado, Teófilo, acerca de todas as coisas, etc." não é de perguntar porque Jerônimo em todos os cabeçalhos escreveu a ressalva "segundo Marcos, segundo João, etc."? Não é de se concluir que os documentos que chegaram às suas mãos eram somente cópias, ou cópias de cópias, mas não os originais? Não há, portanto, certeza de que os Evangelhos, como estão escritos, representam exatamente aquilo que Jesus ensinou, na sua integridade primitiva. Este fato, entretanto, em quase nada desmerece seu altíssimo valor, visto que a estrutura fundamental, a base moral ou iniciática é idêntica em todas as quatro narrativas.

---

[1] Ver relação constante no capítulo 1.

O Redentor

E se nos voltarmos para as obras de caráter mediúnico, da mesma forma encontraremos inúmeras divergências, de forma e de fundo, que não levam a maiores certezas. Têm-se, então, a impressão de que ainda não chegou a época de ser o assunto esclarecido pelos Instrutores Espirituais que, conquanto se mostrem muitas vezes até mesmo prolixos na exposição de assuntos doutrinários ou filosóficos, não trazem maiores esclarecimentos a respeito da parte histórica da vida do Divino Messias.

Mas daí não se conclua que esta última seja desinteressante no seu valor qualitativo, pois tudo que respeita à vida de Jesus tem alto valor iniciático e edifica, sempre, em todos os sentidos. A vida dos condutores espirituais da humanidade é sempre cheia de exemplos preciosos e educativos, porque espelham condutas mais altas e perfeitas e traçam rumos sempre sequentes à evolução dos seres habitantes dos mundos inferiores.

E nem há que admirar que muito se ignore sobre a vida de Jesus, passada há quase vinte séculos, vivida com grandeza, mas com simplicidade, preferentemente em contato com o povo ignaro e humilde, sem nenhuma projeção de caráter político ou social, quando, nos dias que vivemos, neste século de tamanha expressão científica, dispondo os homens de poderosos meios de intercâmbio e publicidade, ainda também muito se ignore sobre assuntos atuais de alto interesse para a evolução da coletividade humana.

A tarefa messiânica era sanear a Terra de suas iniquidades; oferecer à humanidade diretrizes espirituais mais perfeitas e definitivas, redimir os homens e encaminhá-los para Seu reino divino de luzes e de amor e foi cumprida em todos os sentidos, não importando ao Divino Cordeiro os sofrimentos físicos e morais que suportou. Indicando os caminhos luminosos do amor e da paz universais, deixou ao mundo um legado eterno que é lei, não somente para a Terra, pequenina e retardada, mas para todo o Cosmo.

A tarefa do Divino Enviado não teve, como dissemos, projeções políticas e sociais na sua época, porque tais não eram Seus objetivos, conquanto prevenisse aos pósteros sobre suas consequências futuras quando disse: "não vim trazer a paz, mas a divisão".

E, realmente, seus ensinamentos, logo após a morte dos apóstolos, provocaram interpretações as mais diversas e contraditórias sendo, logo depois, o cristianismo primitivo absorvido por forças poderosas que dele se apoderaram para a organização de uma religião oficial[2], dominadora no campo dos valores materiais o que, como era de esperar, retardou de muitos séculos a evolução espiritual do mundo.

E a projeção social, isto é, a influência desses ensinamentos sobre os indivíduos e sobre as massas humanas, no seu devido sentido redencionista, como código moral que exige conduta perfeita e iluminação interior, esta somente se fez sentir há pouco mais de um século, com o advento do Espiritismo — O Consolador prometido por Jesus — na inspirada e magnífica codificação elaborada por Kardec, na França.

O Espiritismo arrancou o Evangelho das sombras místicas das concepções dogmáticas e o apresentou ao povo, indistintamente, aberto e refulgente, expressivo e edificante, como a força que mais poderosamente realiza transformações morais, no mais íntimo das almas, e impulsiona os homens para as luzes da redenção.

Por estas razões e circunstâncias, ao escrever este modesto trabalho, adotamos o arbítrio de permanecer nas bases históricas do Evangelho codificado, dele somente nos afastando para acrescentar detalhes e complementos idôneos e julgados úteis à melhor clareza e lógica do conjunto, sobretudo quando vindos pela mediunidade, que tem sido canal da revelação divina em todos os tempos.

Como nos Evangelhos não há cronologia nos acontecimentos, procuramos narrá-los obedecendo a uma sequência lógica que, entretanto, não representa nem se oferece como vantagem especial sobre qualquer outra.

---

[2] É evidente que, se houvesse sido promovido o conhecimento preferencial do Evangelho e a vivência dos ensinamentos com a reforma íntima, outra e muito mais evoluída seria a humanidade.

O Redentor

Na confecção deste livro fugimos de divagações literárias para encobrir falhas e, dada a vastidão dos temas e a finalidade da obra, não nos arredamos também da feição didática, cujas características são método, clareza e concisão.

Queremos também adiantar que reunimos informes de diversas origens, inclusive mediúnicas, redigidos e adaptados à finalidade referida, quase sempre sem transcrições e citações, mas cujas fontes e autores constam da bibliografia contida no final deste prólogo.

Não se pode inventar os fatos, a não ser em obras de ficção, mas somente narrá-los; e, como em relação à vida de Jesus os eventos foram narrados por centenas de autores e repetidos inúmeras vezes, cada vez com aspectos diferentes, e como nosso intuito não é acrescentar uma narração a mais, uma repetição a mais, julgamos útil fazer uma compilação de dados, **sendo de nossa autoria somente a disposição deles, a redação, a interpretação, os comentários e as conclusões.**

Julgamos assim resguardadas a paternidade das ideias e conceitos pertencentes a outros dignos autores, aos quais apresentamos desde já nossos melhores agradecimentos pela participação, conquanto indireta, na confecção desta obra.

São Paulo, 1974.

O Autor

Observação:

Uma condensação deste livro foi incluída pelo autor na série *Iniciação Espírita*, da Federação Espírita do Estado de São Paulo, no ano de 1950, formando o tomo nº 2, sob o título ***A Vida de Jesus*** com as alterações que se tornaram necessárias para a adaptação da matéria ao programa da **Escola de Aprendizes do Evangelho.**

Obras Consultadas

Les Itineraires de Jesus — Gustave Dalman
O Nazareno — Sholem Asch
Jesus de Nazaré — Paul de Regla
Cristo Jesus — Rafael Housse
Jesus Cristo — Roselly de Lorgues
Jesus Desconhecido — Merencovsk
Os Evangelhos Sinóticos
Diversas obras mediúnicas

Capítulo 1

EVANGELHOS APÓCRIFOS
considerados não-autênticos

O Evangelho segundo os Hebreus
O Evangelho segundo os Nazarenos
O Evangelho dos Doze Apóstolos
O Evangelho de São Pedro
O Evangelho segundo os Egípcios
O Evangelho do nascimento da Santa Virgem
O Proto-Evangelho de São Tiago
O Evangelho da infância do Salvador
O Evangelho de São Tomé
O Evangelho de Nicodemo
O Evangelho Eterno
O Evangelho de Santo André
O Evangelho de São Bartolomeu
O Evangelho dos Escolhidos
O Evangelho de Basilide
O Evangelho de Cerinto
O Evangelho dos Ebionitas
O Evangelho dos Hereges
O Evangelho de Eva
O Evangelho dos Gnósticos
O Evangelho de Marcion
O Evangelho do nascimento do Senhor

Edgard Armond

O Evangelho de São João (não confundir com o aceito)
O Evangelho de São Matias
O Evangelho da Perfeição
O Evangelho dos Simonianos
O Evangelho segundo os Siríacos
O Evangelho de Tatien
O Evangelho de São Judas
O Evangelho de Valentim
O Evangelho da Vida ao Vivo
As Reminiscências dos Apóstolos
O Evangelho de São Felipe
O Evangelho de São Barnabé
O Evangelho de São Tiago o Maior
O Evangelho de Judas de Kerioth
O Evangelho da Verdade
O Evangelho de Lencius
O Evangelho de Salmon
O Evangelho de Luciano
O Evangelho de Hesychius
As Interrogações Grandes e Pequenas de Maria
O Código Vercelense
O Código Cantabrigense

Nota: Além destes, considerados falsos evangelhos pela codificação católica-romana, haviam ainda: Falsos Atos dos Apóstolos, Falsas Epístolas de Jesus Cristo, Falsas Epístolas da Santa Virgem, Falsas Epístolas dos Apóstolos e Falsos Apocalipses, dentre os quais os mais conhecidos na época eram os seguintes:

O Redentor

O Livro de Enoque — citado por quase todos os eruditos da
época

O Livro de Esdras — também conhecido como Apocalipse
do ano 97

O Apocalipse de Baruque

O Apocalipse de Elias

O Apocalipse de Daniel

O Apocalipse de Moisés — (A Gênese)

Apocalipse é o termo que indica as revelações feitas aos profetas da antiguidade e tanto podem referir-se a assuntos limitados, como gerais. Tanto podem ter sentido extensivo como figurado, analógico ou místico.

O Apocalipse de João Evangelista possui todos esses sentidos e, segundo seu discípulo Policarpo, que o revelou a Irineu, bispo católico do segundo século, foi escrito na Ilha de Patmos, fronteira à cidade de Éfeso, no Mar Egeu, na Ásia Menor.

Capítulo 2

A TRADIÇÃO MESSIÂNICA

A tradição espiritual do mundo, em seus setores mais altos, ensina que a criação subordina-se aos seguintes princípios universais: um Criador, um Agente Executor e um Alento Animador, assim discriminados:

O princípio incriado gerante — esfera do pensamento divino abstrato.

O princípio criado criante — esfera dos agentes cósmicos criadores de mundos.

O princípio criado imanente — esfera das manifestações do espírito divino na criação.

Nas religiões:
O primeiro princípio é Deus — o Pai Criador absoluto.
O segundo princípio — o pensamento abstrato fora de Deus manifestado como criação pela ação dos agentes cósmicos — é o Filho.

O Redentor

O terceiro princípio — o pensamento divino derramado na criação como vida, inteligência e amor — é o Espírito Santo.

Esta é a base fundamental das Trindades, imaginadas por algumas religiões como a bramânica, a egípcia e a persa, entre outras, de onde foram copiadas, inclusive por religiões dogmáticas cristãs.

Eis as Trindades mais conhecidas:

Brama, Shiva e Vishnu — dos hindus.

Osíris, Ísis e Hórus — dos egípcios.

Ea, Istar e Tamus — dos babilônios.

Zeus, Deméter e Dionísio — dos gregos.

Baal, Astarté e Adonis — dos assírios.

Orzmud, Ariman e Mitra — dos persas.

Voltan, Friga e Dinar — dos celtas.

Os agentes diretos de Deus são as inteligências Divinas que animam, santificam e presidem à formação de universos e galáxias, e que, a seu turno, delegam poderes a agentes seus — os Cristos — que, como verbos divinos, corporificam seus pensamentos, executando a criação de planetas, satélites e astros em geral, dos diferentes sistemas planetários e que são os governadores espirituais desses diferentes orbes.

Esta é, de forma grosseira e aproximada da realidade, a discriminação mística das tarefas de agentes divinos na criação dos mundos.

Em conceito mais objetivo e científico, a criação se opera de forma algo diferente: as inteligências Divinas, como agentes diretos de Deus, corporificam e emitem ondas sucessivas de energia criadora inteligente, que se projetam nos espaços criando os átomos, germes de vida, que potenciam energias, inteligência e amor, os quais se aglomeram e multiplicam dentro de leis divinas preexistentes, formando os mundos materiais e os seres vivos.

Jesus de Nazaré, como agente da Entidade a cuja jurisdição e dependência a Terra se encontra, como mundo formado em um sistema planetário, agindo no mesmo sentido, concorreu à formação do nosso globo e de todos os seres que o habitam, passando a ser seu Governador Planetário.

Na história religiosa, é o Messias — o ungido — encarnado na Palestina, a quem Pedro se referiu quando disse: "Tu és o Cristo, o filho de Deus vivo". "Cristo", na sua significação de ungido, consagrado e "filho de Deus vivo", no sentido de que evoluiu em mundos materiais o que, aliás, Ele mesmo o confirma quando se intitulou "O Filho do Homem".

A mesma tradição espiritual também revela que, em determinadas épocas, segundo as necessidades evolutivas do planeta, altos Espíritos, por si ou como enviados do Cristo, encarnaram-se nos diferentes orbes, levando às humanidades que os habitam, impulsos novos e diretrizes mais avançadas de progresso espiritual.

Segundo essa tradição o Governador Espiritual da Terra já encarnou em meio a seus habitantes várias vezes, a saber: duas na Lemúria, como Numu e Juno, com a 3ª Raça-Mãe; duas na Atlântida, o berço da legendária 4ª Raça, como Anfion e Antúlio, por intermédio de cujos discípulos a tradição espiritual mais antiga transferiu-se para o Mediterrâneo; uma na Pérsia, como Krisna, uma na Índia, como Buda, e uma última, como Jesus, na Palestina.

Nessas encarnações esses altos Espíritos têm vindo ora como precursores intelectuais de conhecimentos filosóficos, científicos, religiosos e artísticos; ora como pregadores de paz e de concórdia, no encaminhamento de povos bárbaros à civilização; ora como reformadores sociais e guias religiosos.

O Redentor

Na Palestina veio Jesus, no ponto mais alto da revelação eternizada, como exemplificador do amor universal, a fraternidade dos homens e a paternidade de Deus, conforme o enunciado fundamental do "amor a Deus sobre todas as coisas e ao próximo como a si mesmo".

Verdadeiras no todo, ou somente em parte delas, essas tradições, enviado do Cristo Planetário, ou encarnação deste mesmo, o certo é que esses altos missionários realizaram suas edificantes tarefas apontando diretrizes morais concordantes com a evolução humana de cada época; revelaram os mais adequados conhecimentos sobre a vida e a morte e deram à existência humana um elevado e sublime sentido espiritual, não obstante nem sempre compreendidos e aceitos; pregaram sempre as mesmas verdades fundamentais, por mais que se tivessem colocado afastados uns dos outros, o que prova serem sequentes e progressivas as revelações espirituais.

Os conhecimentos revelados por esses magnânimos Espíritos foram conservados em vários lugares.

No oriente, pelos Flâmines, sacerdotes filiados aos cultos da antiga Lemúria, berço das primeiras encarnações humanas em nosso globo e onde se esboçaram os rudimentos da consciência dos seres primitivos dos quais descendemos, sacerdotes esses que, com o afundamento desse continente, passaram à Índia e lá viveram, em suas montanhas e florestas, até o advento de Krisna, quando então desceram para o Ceilão, fundando ali os santuários denominados "Torres de Silêncio".

No ocidente, pelos Dáctylos, descendentes dos Atlantes, refugiados na Grécia, pouco antes do afundamento da última parte desse continente e para onde transportaram os documentos contendo as tradições mais antigas, e onde iniciaram as bases de uma nova civilização, logo em seguida transposta para o antigo Egito. Na Grécia antiga esses pioneiros eram venerados como semi-deuses e foram,

19

como os cabires, os curetes e os talquines, os primeiros instrutores desse povo pré-histórico.[3]

Pelos Kobdas, que vieram pouco mais tarde e fixaram essa civilização no Delta do Nilo e a difundiram pelo Egito e Mesopotâmia.

E, finalmente, pelos Essênios, refugiados nas suas grutas e mosteiros da Palestina, Fenícia e Arábia, que receberam e conservaram no seu sentido verdadeiro e autêntico, os ensinamentos deixados por Moisés e que foram por estes restaurados, com base nos documentos descobertos nas ruínas dos templos egípcios de Mênfis, de Abidos, de Saís e outros.

Quanto a Jesus, a mais alta manifestação do Plano Espiritual Superior na Terra, seus ensinamentos estão consignados no Evangelho cristão, a que nos referimos no prólogo deste livro, e que vêm sendo perpetuados até nossos dias pelos cristãos de várias seitas e confissões.

Esta última manifestação era esperada de há muito e houvera sido predita por vozes proféticas de várias partes do mundo de então, principalmente pelos israelitas — o povo escravo, redimido por Moisés, preparado por mais de quarenta anos nos desertos do Sinai e do Paran para receber em seu seio o Espírito radioso do Redentor.

---

[3] Maiores detalhes no livro *Na Cortina do Tempo*, do mesmo autor.

Capítulo 3

O NASCIMENTO DO MESSIAS

AS PROFECIAS

As profecias sobre o nascimento do Messias cumpriram-se em quase todos os detalhes e o próprio Jesus, nos diferentes atos de sua curta vida pública de três anos, a elas se referia sempre e lhes dava constantes testemunhos, colaborando para seu cumprimento.

Isso fazia não só para prestigiar os profetas, como canais que eram da revelação, como para demonstrar que esta antecede sempre os acontecimentos relevantes da vida da humanidade e que, uniformemente, expressam-se os mandatários siderais pela boca dos profetas ou médiuns.

As profecias hebreias, referentes ao advento do Messias redentor, confirmavam outras anteriores[4], proferidas em outras regiões do mundo de então, no sentido de um nascimento miraculoso, contrário às leis naturais, através de uma virgem, sem contatos humanos que, conforme referiam, ocorrera com outros missionários religiosos ou fundadores de movimentos espiritualizantes como, por exemplo, Zoroastro, Krisna, Buda.

Essa concordância permitia supor que os profetas hebreus deixaram-se influenciar por essas notícias que, gravadas em seus subconscientes, vieram à tona no transe das revelações, ou que, então, foram realmente verdadeiras, como verdadeiras foram todas as demais que proferiram sobre, por exemplo: a fixação de Jesus

---

[4] Ver *Os Exilados da Capela*, do mesmo autor.

na Galileia, da qual fez centro para seus movimentos e pregações; os sofrimentos do Messias; seus sacrifícios; a traição de Judas; as atormentações e torturas na noite de sua prisão; a morte na cruz; a ressurreição, etc.

Mas, se todas as profecias hebreias foram confirmadas, esta, entretanto, do nascimento virginal não o foi mas, ao contrário, até hoje vem se tornando motivo de controvérsias entre cristãos.

Quando o excelso Missionário, custodiado pelos seus luminosos assistentes espirituais, aproximou-se da atmosfera terrestre, no crucial sofrimento da redução vibratória para adaptação ao nosso mundo material denso, onde seus assistentes já lhe haviam preparado o nascimento físico, quatro grupos de iniciados maiores, pertencentes àquelas correntes a que já nos referimos atrás, pressentiram essa aproximação e também se prepararam para apoiar e receber condignamente tão sublime visitante; foram eles: os sacerdotes do Templo-Escola do Monte Horeb na Arábia, dirigido por Melchior; os Ruditas, solitários dos Montes Sagrados, na Pérsia, cujo culto era baseado no Zend-Avesta de Zoroastro e cujo chefe era Baltazar; os solitários do Monte Zuleiman, junto ao Rio Indo, dirigidos por Gaspar, Senhor de Srinagar e príncipe de Bombaim; e finalmente, os Essênios, da Palestina, que habitavam santuários e mosteiros isolados e inacessíveis, nas montanhas desse país, da Arábia e da Fenícia.

A esses iniciados foi revelado mediunicamente a próxima encarnação do Messias, há tanto tempo esperado.

Melchior, Baltazar e Gaspar foram os visitantes piedosos que a tradição evangélica chama de "Reis Magos" e que visitaram o Menino-Luz nos primeiros dias do seu nascimento, em Belém.Foram tidos como magos porque vieram da direção do oriente, onde ficavam a Caldeia, a Assíria, a Pérsia, a Índia e onde a ciência da astrologia, da magia teúrgica e de outras espécies eram praticadas livremente.

Aliás, o próprio Evangelho justifica os títulos, pondo na boca de um dos magos, à sua chegada a Jerusalém, a seguinte frase: "Onde está aquele que é nascido rei dos judeus? Vimos sua estrela no oriente e viemos adorá-lo". (Mateus 2:2)

O Redentor

Para a encarnação do anjo planetário, o vaso carnal escolhido e já compromissado desde antes de sua reencarnação na Terra, foi Maria, virgem hebreia de família sacerdotal, filha de Joaquim e Ana. Moravam em Jerusalém, fora dos muros, junto ao caminho que ia para Betânia. Ele era de Belém, da tribo de Levi, da família de Aarão, e ela de Nazaré, da tribo de Judá, da família de Davi. Já estavam ambos em idade avançada quando lhes nasceu uma filha que foi chamada Maria, cujo nome significa beleza, poder, iluminação. Com a morte de seus pais foi ela internada por parentes no Templo de Jerusalém, junto às Virgens de Sião, que nas grandes festividades cantavam em coro os salmos de Davi e os hinos rituais, pois que as jovens descendentes de tais famílias tinham esse direito e podiam ser educadas primorosamente no Templo, consagrando-se, caso o quisessem, a seus serviços internos.

Dois anos depois, segundo revelações mediúnicas, José, carpinteiro residente em Nazaré, cidadezinha da província da Galileia, usando de um direito que também lhe pertencia por descender da família de Davi, tendo enviuvado de sua mulher Débora, filha de Alfeu e ficado com cinco filhos menores, bateu às portas do Templo pedindo que lhe fosse designada uma esposa.

Nestes casos, a designação era feita pela sorte e a indicada foi Maria.

A expectativa por um Messias nacional, nesse tempo, era geral na Palestina, região agravada pela pesada ocupação romana, que repercutia também, fundamentalmente, no Templo, por causa da redução de autoridade e de prestígio do clero, até então dominante e arbitrária, e uma tarde, dias antes de sua indicação, estando Maria sozinha em uma das dependências do Templo, recordando o quanto também sofrera seu progenitor com essa situação e as preces que fazia pela libertação de Israel, adormeceu e teve um sonho, ou melhor dito, uma visão (pois era dotada de aprimoradas faculdades psíquicas) durante a qual um anjo a visitou e a saudou como predestinada a gerar o Messias esperado.

Edgard Armond

Atemorizada, guardou silêncio sobre o ocorrido, mas seus temores aumentaram quando, como era de praxe, foi escolhida pela sorte para esposa do pretendente José, também pertencente à família de Davi, em cuja linhagem, pelas Escrituras, o Messias nacional deveria nascer. Este fato, para ela, foi uma evidente confirmação da visão que tivera e das palavras do anjo que a visitara, e seu Espírito ingênuo e místico compreendeu que sua aquiescência àquele consórcio era imperativa.

A partir de sua chegada a Nazaré e após as comemorações rituais das bodas, cerimoniais que, segundo os costumes, duravam vários dias, dedicou-se aos afazeres domésticos sem poder, contudo, esquivar-se à lembrança dos acontecimentos do Templo; e a vida do casal, desde o primeiro dia, ressentiu-se daquelas apreensões e temores.

Foi-se retraindo o mais que pôde da vida social e das intimidades domésticas, recolhendo-se a prolongadas meditações e alheamentos, a ponto de provocar reprovações de conhecidos, parentes e familiares.

Vivia como dentro de um enlevo permanente, no qual vozes misteriosas lhe falavam das coisas celestiais, de alegrias sobrehumanas, de sofrimentos e de dores que lhe estavam reservadas no futuro, exatamente como, bem se lembrava, estava escrito nas Escrituras Santas do seu povo. Por fim, sentindo-se grávida, confessou seus temores a José, de cuja paternal bondade estava certa poder esperar auxílio e compreensão.

Surpreendido pela revelação, José, dentro da sensatez que lhe era atributo sólido, guardou silêncio, aguardando o perpassar dos dias; mas estando evoluindo para termos finais a gestação e não podendo confiar em estranhos ou parentes ali residentes, resolveu levar a jovem esposa para Belém[5] onde ela ficaria sob os cuidados maternais de sua tia Sara.

---

[5] Belém é nome modernizado; o nome antigo era Efrata. Nas profecias se lê, segundo Miquéias 5:1: "Somente a ti, Bethleem-Efrata, embora sejas pequena ante as muitas de Judá, de ti é que virá Aquele que será o soberano de Israel e cuja origem vem de longe, da eternidade".

O Redentor

Pois foi ali, naquela cidade histórica, por ter sido onde Samuel sagrou a Davi como rei, que deu-se o nascimento transcendente do Messias Redentor, ao qual foi dado o nome de Jesus. (Fig. 1)

Este fato tão relevante ocorreu no ano 747 da fundação de Roma e 1º da era cristã, conforme admitimos por conveniência expositiva.[6]

Contam as escrituras que o evento se deu num estábulo, o que não é de se estranhar, tendo em vista a pobreza e a exiguidade das habitações do povo naquela época, e o fato de que os estábulos nem sempre eram lugares destinados a conter o gado, servindo também de depósito de material, forragem, etc. É de se admitir que os hóspedes tenham sido acomodados em um compartimento desses, mais afastado do bulício da casa e da curiosidade dos estranhos.

Em Belém se encontram ainda vários estábulos desse tipo, que servem, ora para habitação, ora para depósito de combustível e forragem, ora ainda de acomodação de pastores nômades, quando vêm à cidade a negócios.

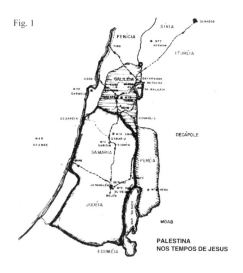

Fig. 1 — PALESTINA NOS TEMPOS DE JESUS

---

[6] Ao narrar a vida de Jesus e devido a divergências existentes nos calendários; para simplificar as coisas e evitar interpretações diferentes, adotamos o sistema de considerar o ano 1 o primeiro a partir do nascimento; ano 33 o de sua crucificação, etc., desprezando o calendário oficial, que considera tenha ele se verificado no ano 7 de nossa era e 747 da fundação de Roma.

Capítulo 4

CONTROVÉRSIAS DOUTRINÁRIAS

Dentre as várias controvérsias existentes sobre assuntos evangélicos, duas, pelo menos, devido a sua importância, devemos apresentar neste livro: a que se refere à concepção de Jesus e a da natureza do corpo que utilizou quando encarnado.

A CONCEPÇÃO

A respeito do nascimento de Jesus julgamos haver duas alternativas: aceitar a concepção sobrenatural, como consta do Evangelho de Mateus e de Lucas, ou admitir o nascimento natural, como querem várias correntes espiritualistas e materialistas.

Conquanto os evangelistas citados narrem um nascimento sobrenatural, o Evangelho em si mesmo, estudado no conjunto dos seus autores, oferece elementos sérios para se optar pelo nascimento natural.

A primeira das duas versões consta, como dissemos, de Mateus e de Lucas, mas não consta de João e de Marcos (também sinótico) sendo isso deveras estranhável, porque fato de tamanha importância ou significação espiritual, certamente que não ficaria esquecido deles, com a agravante de que Lucas não foi contemporâneo dos acontecimentos, pois viveu vários anos após a morte de Jesus e escreveu, mais que tudo, pelo que ouviu dizer por terceiros.

É verdade que a seu tempo ainda viviam Tiago em Jerusalém e João em Éfeso, ótimos informantes, mas deles não recebia coisa diferente daquilo que eles mesmos informaram a outros, verbalmente ou por escrito, isto é, nenhuma referência ao nascimento sobrenatural.

O *Redentor*

Por outro lado, o erudito padre Jerônimo[7], encarregado pelo papa Damaso I, em fins do século IV, de selecionar e codificar os Evangelhos existentes na época, adotados por várias correntes sectárias diferentes e divergentes, em número de 44, ao proceder ao seu importante trabalho, teria todo empenho em prestigiar a versão de Jesus-Deus, membro da Trindade Católica Romana, dando ainda maior ênfase à versão sobrenatural o que, aliás, não fez.

Se, além de Mateus e de Lucas, outros documentos houvessem, provindos de apóstolos ou discípulos, com referência a esse nascimento sobrenatural, é evidente que tais informações seriam mantidas na codificação denominada Vulgata Latina, que até hoje faz fé em toda a cristandade, mas tal não aconteceu.

Como o nosso objetivo não é discutir o assunto, citaremos unicamente o que disse João, em sua Primeira Epístola Universal 4:3: "todo Espírito que não confessa que Jesus Cristo veio na carne, não é de Deus". Isto parece concludente.

Nas demais epístolas de Pedro e Judas, da mesma forma, nada encontramos que confirme o nascimento sobrenatural.

Pode-se, pois, concluir ou, pelo menos, aceitar o nascimento natural, na concordância tácita dos cinco apóstolos: Pedro, João, Tiago, Judas e Marcos.

O CORPO DE JESUS

À primeira vista pode parecer que, aceita esta versão do nascimento natural, qualquer outra consideração seria ociosa mas, em respeito às argumentações dos que crêem em contrário (e são muitos), examinaremos também este assunto e os fatores que intervêm na sua conceituação.

Sempre se julga desinteressante debater temas desta espécie, não só por faltarem elementos sérios de comprovação, caso em que os argumentos não sairiam do campo das opiniões pessoais,

---

[7] Padre e doutor da Igreja Latina (347 a 419 ou 420 d.C.). Passou a parte mais ativa da sua vida no Oriente, com exceção de uma passagem por Roma (382-384), onde iniciou a revisão do texto latino do Novo Testamento, completando-o em Belém. (Nota da Editora)

de valor sempre muito relativo, como, também, porque a versão adotada pelos contestadores em nada modificaria os fatos, tanto na sua origem, como na sua natureza e consequências.

A controvérsia, assim como outras muitas existentes, vem de longe, desde os tempos do cristianismo primitivo, tendo tido, mesmo, um ponto alto no reinado do imperador Juliano — cognominado "O Apóstata" — quando proliferavam seitas divergentes.

Juliano — chefe do império romano do Oriente, educado na religião católica romana e dela tendo abjurado — convocou, no ano de 364, em Constantinopla, sede do império, os representantes de todas essas seitas divergentes cristãs; mandou fechá-los em um grande recinto e deu-lhes prazo de alguns dias para acertarem suas divergências doutrinárias, que causavam agitação e tumulto entre o povo.

Ao fim do prazo marcado, compareceu ao recinto para ouvir as conclusões finais, verificando, porém, que não houvera entendimento algum entre os disputantes, dentre os quais os mais intransigentes eram os **docetistas**, surgidos no século II, que não reconheciam Jesus segundo a carne e afirmavam que Ele possuíra somente um **corpo aparente**.

Essa opinião foi defendida também por Marcion, Atanásio, o Grande, São João Crisóstomo, Clemente de Alexandria e outros luminares entre os antigos padres cristãos.

O próprio Paulo de Tarso, em sua Epístola aos Romanos 8:3, diz: "que Deus enviou Seu Filho em semelhança de carne". Paulo era dotado de muita cultura e viveu ainda perto do tempo de Jesus e teria elementos para afirmar essa verdade.

Essa controvérsia permaneceu em toda a Idade Média, atingiu os dias da codificação da Doutrina dos Espíritos, com Roustaing, e permaneceu até hoje entre escritores e pregadores espíritas encarnados e desencarnados que, na ausência de documentação probante, limitam-se, como dissemos atrás, a formular suas próprias e mais ou menos respeitáveis opiniões pessoais.

Por isso limitamo-nos unicamente a abordar o assunto, como numa simples troca de ideias e simples cooperação, perguntando:

O Redentor

P — Existe nos Evangelhos alguma coisa que prove ter sido fluídico o corpo físico de Jesus?

R — Não. O que existe são alguns fatos ou palavras que poderão alimentar tal suposição.

P — Existe alguma prova de que Seu corpo físico era de carne, igual ao de outras pessoas comuns?

R — Sim, em termos, existe. Se não o fosse como poderia Ele ter carregado nas costas, por vias urbanas estreitas e mal calçadas, irregulares e íngremes, a pesada cruz de madeira, sob cujo peso caiu várias vezes? Só se fosse por efeitos fenomênicos, o que seria uma incrível simulação da verdade.

Nasceu, cresceu, viveu junto a Seus Pais e parentes; conviveu com inúmeras pessoas; enfrentou multidões; sofreu a carga vibratória, incrivelmente pesada, de milhares de necessitados e doentes; alimentou-se muitas vezes em companhia de seus discípulos e seguidores; foi pregado na cruz e ali desencarnou à vista de muitos.

P — Mas como, sendo de carne comum, poderia desmaterializar-se, como fez várias vezes e de forma tão natural e perfeita, como consta dos Evangelhos?

R — Porque tinha um corpo de carne, sem dúvida, **porém de consistência diferente**, de densidade muito menor, de matéria mais pura, de vibração muito mais alta, adequada a conter um Espírito de Sua elevada hierarquia; corpo, a seu turno, gerado por um vaso físico devidamente preparado e selecionado anteriormente ao nascimento, de vibração e pureza que comportasse Sua permanência em nosso plano grosseiro e impuro.

Desta forma as desmaterializações e outros fenômenos narrados pelos evangelistas se tornariam explicáveis em todos os sentidos. E mesmo que assim não fosse, Jesus, pela sua alta posição de Governador Espiritual do nosso planeta, possuía poderes para agir em todas as circunstâncias julgadas justas.

P — Mas como pôde Ele conviver com seus discípulos, durante 40 dias, após Sua morte na cruz?

R — Porque depois da morte, agora sim, estava utilizando um corpo fluídico, numa densidade que permitiu manifestar-se de forma objetiva e tangível no nosso plano.

Concluindo podemos, pois, dizer que Jesus possuía um corpo físico especial de carne, perfeito, delicado e puro, de vibração superior ao comum dos homens, enquanto viveu encarnado; e manifestou-se em corpo fluídico, suficientemente condensado, após a crucificação e morte física.

Capítulo 5

 # OS REIS MAGOS

Algum tempo antes do nascimento, tanto na Palestina como nos países vizinhos e no Oriente, correu o aviso, dado pelos sábios assírios e caldeus entendidos em astrologia, que estava se formando, em dado ponto do Zodíaco, uma estranha e imprevista conjunção de corpos celestes: aproximavam-se Júpiter, Saturno e Marte.

Isso, diziam eles, era sinal de acontecimentos graves, podendo sobrevir cataclismos e sofrimentos imprevisíveis.

Por isso, em toda parte, o povo, ansioso e atemorizado, perscrutava os céus, noites seguidas, na expectativa das desgraças anunciadas.

Mas os sacerdotes do Templo de Jerusalém sabiam que era chegada a época do nascimento do Messias de Israel e se rejubilavam esperançosos, enquanto que Herodes — chamado o Grande — no seu palácio de mármore e pedra escura, de Jericó, ou em Jerusalém, remordia-se de inquietações, na suposição de que tal acontecimento lhe roubasse o trono e o poder, dados por César, porque as esperanças e desejos do povo, bem sabia, eram para um Messias nacional, que assumisse o poder em Israel, proclamando-se rei e expulsasse os romanos invasores.

Nas terras pagãs da Grécia, Egito, Arábia, Pérsia e Índia as sibilas, também, já tinham, há muito tempo, profetizado a respeito do nascimento e, por isso, uma geral e profunda expectativa existia, de um acontecimento extraordinário que abalaria a vida dos homens e mudaria o destino do mundo.[8]

---

[8] Vide a obra *Na Cortina do Tempo*, que descreve pormenorizadamente os acontecimentos.

Até que enfim, numa dessas noites frias e estreladas do inverno palestino quando, na profundidade dos espaços siderais, se completava a conjunção insólita, as vibrações celestiais desceram sobre Belém e envolveram a casa humilde onde o Menino-Luz estava nascendo.

E os pastores rústicos, enrodilhados nos seus mantos, nas encostas dos montes próximos, beneficiados de incrível lucidez, viram os clarões luminosos que desciam do céu e ouviram o coro inaudível dos Espíritos clamando, para todo o mundo: Glória a Deus nas alturas e Paz na Terra aos homens de boa vontade".

E assim, mais uma vez, as forças das trevas foram vencidas...

Mas, este fato foi também percebido pelos sensitivos das Escolas de Sabedoria já citadas, sobretudo pelos Essênios, que se mantinham em prece, vigilantes, aguardando a hora do grande evento, do qual tiveram logo informações diretas, por intermédio dos adeptos da Ordem e pelos irmãos Terapeutas, que viajavam por toda parte, existindo, mesmo, alguns no próprio local onde o acontecimento se deu. Quanto aos demais, devido às enormes distâncias em que se encontravam, permaneceram investigando e aguardando confirmações, porque ignoravam o local exato onde o nascimento deveria ocorrer.

Mas, por fim, perceberam que a resposta estava no próprio céu, porque a estranha conjunção de astros se operava no signo de Peixes que, astrologicamente, era o que governava os fatos da nação judaica; ao demais, verificaram que a profecia de Miquéias, muito remota, já informava a respeito dizendo: "E tu, Bethleem Efrata, conquanto pequena entre as muitas de Judá, de ti sairá aquele que será o senhor de Israel".

Como também já o afirmara a profecia de Zoroastro, feita na Pérsia, 3.200 anos atrás, que dizia: "Oh, vós, meus filhos, que já estais avisados do Seu nascimento, antes que qualquer outro povo;

O Redentor

assim que virdes a estrela, tomai-a por guia e ela vos conduzirá ao lugar onde Ele — o Redentor — nasceu. Adorai-O e ofertai-Lhe presentes porque Ele é a palavra, o Verbo, que formou os céus".

E ainda não lhes sobrava, a esses Iniciados, o recurso da mediunidade? Assim como aconteceu com os míseros pastores, que "viram e ouviram", não poderiam ter sido eles também avisados pelos Espíritos sobre tal acontecimento, diretamente?

Nessas comunidades de solitários se realizavam práticas espirituais, como as fazemos hoje; muitos deles possuíam magníficas faculdades e um acontecimento desses, de tal significação para a vida planetária, certamente que seria revelado a todos aqueles que merecessem conhecê-lo, no momento oportuno. E entre estes se colocavam os chamados Reis Magos.

Concluindo, pois, que o Messias nascera na Palestina, esses detentores da sabedoria espiritual de maior responsabilidade, partiram nessa direção, para conhecerem e adorarem o alto espírito missionário.

A referência citada pelos próprios viajores a uma "estrela-guia" poderia ser simplesmente simbólica, a estrela em si mesma representando a conjunção de astros, como também poderia ser um Espírito visto pela vidência que, sob essa forma, serviu de guia às caravanas que buscavam aproximar-se do Menino-Luz. Não é comum nos Planos Espirituais, os desencarnados de certa categoria tomarem a forma de estrelas ou outras quaisquer? Não é sabido que os Espíritos podem assumir as formas que desejam, bastando que as imaginem? Essa, até mesmo, seria uma belíssima tarefa de participação em acontecimento de tal grandeza!

As caravanas desses Iniciados maiores viajaram durante muito tempo, vindas de suas terras distantes e, por fim, se encontraram, em feliz ou proposital coincidência, em Sela, lugarejo situado nas faldas do Monte Hor, na Arábia, onde se reconheceram e se incorporaram a uma caravana de mulas que se aprestava para atravessar as montanhas de Moab, a leste do Mar Morto; nesse ponto abandonaram a caravana e seguiram juntos para Jerusalém.

Edgard Armond

Mas enquanto os "Reis Magos" estudavam o acontecimento, faziam seus preparativos e realizavam sua demorada e custosa viagem, o Menino-Luz se desenvolvia: aos oito dias foi levado à Sinagoga local para ser apresentado e registrado, como era de praxe; como também de praxe que, ao oitavo dia, os recém-nascidos fossem circuncidados, costume adotado também pelos cananeus, fenícios e sírios. Para os judeus queria dizer que a criança, com isso, entrava no pacto de Jeová, passando a ser herdeira das promessas divinas, conquanto fosse também medida de higiene corporal.

Aos quarenta dias foi levado por sua Mãe a Jerusalém, onde lhe cabia promover os ritos da purificação, que se resumiam em um holocausto vivo; no caso dela, que era possuidora de parcos recursos, o holocausto era de uma pomba, entregue no Altar dos Holocaustos ao sacerdote em serviço, o qual cortava o pescoço da ave, torcia-o para trás de forma que o sangue, ao afluir, caísse sobre as brasas do Altar, findo o que a vítima, ainda estremecendo, era atirada em um recipiente existente ao lado; em seguida a ofertante passava ao Templo propriamente dito — O Santo — para que a criança fosse consagrada ao Senhor, quando primogênita — que era o caso de Maria.

No Templo havia rodízio de sacerdotes, alguns dos quais eram secretamente filiados à Irmandade Essênia, os quais já sabiam quem era o menino a ser consagrado naquele dia. Por isso prepararam, em sigilo, uma solenidade especial: Maria e José foram recebidos pelos sacerdotes Simeão de Bethel e Eleazar, rodeados de seus acólitos. As virgens de Sião cantaram hinos, e preces se elevaram aos céus, enquanto o velho Simeão, tomando o Menino nos braços, o consagrou exclamando: "Agora, Senhor, despede em paz teu servo, segundo a tua palavra, porque os meus olhos já viram a tua salvação" (Lc 2:28-30).[9]

---

[9] Simeão tinha recebido mediunicamente a informação de que não morreria enquanto não visse a chegada do Messias.

O Redentor

Nesse momento, o véu do Templo, luxuoso, pesado e de enorme altura, fendeu-se, caindo para um dos lados e uma paralítica, que se achava perto, levantou-se sobre seus pés e andou.

Tudo isso, tanto no ato como depois, motivou comentários e estranhezas e, como medida de segurança para o Menino, foi ele afastado sem perda de tempo, de Jerusalém, porque qualquer fato ou circunstância que se relacionasse com o nascimento do Messias de Israel, tão esperado e já ocorrido, segundo os boatos existentes e agravados com a chegada, tão comentada, dos "Reis Magos", despertava logo a atenção e a interferência indesejável do clero judaico e dos esbirros de Herodes.

Herodes, que sempre estivera preocupado com as profecias, assim que tomara conhecimento da conjunção planetária fora do comum, espalhara seus espiões por toda parte, à cata de algum nascimento sobrenatural (como constava das profecias) e um desses espiões viu quando os três viajantes orientais, acompanhados de seus serviçais, entraram na cidade, indagando de uns e outros: "Onde está o Messias Salvador do Mundo, cuja estrela vimos no Oriente?". E viu também quando esses viajantes ilustres penetraram no Templo onde, naturalmente, como supunham, obteriam informações sérias e positivas.

Aguardou a saída deles, para segui-los e descobrir o endereço que buscavam, mas os sacerdotes essênios perceberam o perigo e providenciaram a retirada dos visitantes por passagens secretas que davam para o campo, fora dos muros, no caminho de Betânia; e dali prosseguiram eles diretamente para Belém de onde, advertidos em sonho de que não deviam mais voltar a Jerusalém, tomaram o rumo de suas terras por outros caminhos, como consta de Mateus 2:12.

Mas quando, finalmente, em Belém, foram conduzidos à presença do Menino, este já estava crescido (dez meses e meio); e foi uma cena comovente aquela em que esses altos iniciados se viram na presença do Senhor do Mundo, do Governador Planetário. Consultaram seus pergaminhos, suas anotações, fizeram sobre o

35

Menino as verificações próprias das circunstâncias, tanto no corpo físico como no espiritual e, por fim, se convenceram de que, realmente, ali estava encarnado o Messias Planetário.[10]

Prosternaram-se, então, perante Ele e o glorificaram; fizeram-lhe ofertas úteis de recursos próprios e necessários à vida material e, após isso, guiados sempre por essênios terapeutas que conheciam o País a fundo, retiraram-se para suas longínquas terras.

O fato de o Divino Mestre ter sido pressentido em primeiro lugar por pastores humildes, prova que sua tarefa era de redenção para todos os homens e, deixando-se adorar por altos dignitários estrangeiros, sacerdotes de religiões diferentes, testemunhava de que sua mensagem seria de extensão universal.

---

[10] O Buda Sidarta, por exemplo, revelou possuir os sinais característicos de sua altíssima condição missionária. O Dalai-Lama, ao nascer e antes de assumir o poder religioso, no Mosteiro de Lhassa, no Tibete, era procurado, encontrado e aceito, após verificações cuidadosas de sua identidade e após, também oferecer provas irrecusáveis de que era a reencarnação do mesmo Espírito anterior. Para isso consultavam-se os oráculos do Estado e os lamas dotados de faculdades mediúnicas, e após isso a busca era então iniciada. Determinado o local do nascimento, o menino era submetido a inúmeras provas, inclusive exames de aura, do chacra coronário, etc., tudo de acordo com as tradições e os ritos lamaicos.

Capítulo 6

EXÍLIO NO ESTRANGEIRO

Ao tempo do nascimento, como já vimos, governava a Judeia, vivendo em seus palácios de Jerusalém e de Jericó, Herodes, o Grande, idumeu de origem, que assumira o governo 39 anos antes.

Houve quatro Herodes: este, chamado o Grande, chefe da estirpe; Herodes Antipas, seu filho, tetrarca da Galileia[11] que mais tarde mandou matar João Batista e tomou parte indireta no julgamento de Jesus; Herodes Agripa, aventureiro audaz que convivia na corte dos césares romanos, o mesmo que mais tarde, mandou matar Tiago em Jerusalém e prender Pedro; e, por fim, Herodes Felipe, governador da Itureia, a quem já nos referimos.

Todos eles apoiavam os romanos e por isso eram execrados por seus compatriotas israelitas. Herodes, o Grande, teve várias mulheres e a todas exilava ou mandava matar, o que, aliás, fazia também com seus próprios filhos, tendo mandado enforcar, por motivos de conspiração, a dois deles: Alexandre e Aristóbulo, esmeradamente educados em Roma.

Herodes, o Grande, era judeu, conhecia as escrituras, sabia do valor das profecias; como qualquer judeu, temia os profetas mas,

---
[11] O termo tetrarca era título dado ao príncipe que governava a quarta parte de um reino desmembrado, como era o caso de Antipas, que governava a Galileia e Peréa, uma das quatro regiões em que a Palestina (antigo reino), se desmembrara; sendo as outras: Judeia e Samaria (sob governo do Procurador Romano), e Itureia (província a oriente do Jordão), cujo governador era Herodes Felipe.

Edgard Armond

sobretudo, temia pela sua própria segurança como rei, face às reações que o advento de um Messias nacional produziria no seio do povo.

O povo, assim como a corte herodiana, viveram em constante temor até a morte do déspota, que ocorreu em circunstâncias trágicas.

Era tradição nessa família de potentados cruéis, que a presença de um corvo, quando bem marcante, representava um prenúncio de desgraça. Estava ele assistindo a um espetáculo no anfiteatro que construíra em Jericó, quando um corvo revoluteou sobre a arena e veio em seguida empoleirar-se numa trave do camarote onde se encontrava.

Impressionado, abandonou imediatamente o circo e regressou ao seu palácio, onde foi acometido de uma terrível doença, o câncer, da qual morreu em pouco tempo, com atrozes padecimentos, abandonado por todos os parentes e servidores.

Vivia ele rodeado de mágicos e adivinhos (como era comum entre as cortes reais) e mantinha um exército de espiões espalhados pelo país e países vizinhos, (e já vimos como um desses espiões observou a chegada dos "Reis Magos", sua entrada no Templo, e como foi burlado na sua investigação). Não tendo podido arrancar desses ilustres viajantes o segredo da identidade e da localização do suposto Messias, duplicou sua vigilância e, durante quase dois anos, vasculhou o país sem o menor resultado, concentrando, por fim, suas buscas nos arredores de Belém, que as profecias acusavam como local do nascimento.[12]

Mas como as buscas se multiplicavam, pondo em perigo a segurança do Menino-Luz, os Espíritos protetores aconselharam, em sonho, a José, que se ausentasse do país para o Egito, o que foi feito com auxílio dos Essênios que, como já dissemos, possuíam inúmeros adeptos espalhados por toda parte, além dos Irmãos Terapeutas, que viajavam constantemente no trabalho de socorro e auxílio ao

---

[12] Este é o local onde Mateus refere ter havido uma matança de crianças por ordem de Herodes, na esperança de que entre os mortos estivesse também o Messias esperado.

O Redentor

povo necessitado, país onde José, para manter a família, trabalhou no seu ofício de carpinteiro. Outra versão, de caráter mediúnico, diz que os Terapeutas levaram o Menino e seus Pais para a Fenícia, local onde Herodes não tinha autoridade, e ali os agasalharam no convento do Monte Hermon, onde permaneceram durante cinco anos, até bem depois da morte de Herodes e das lutas internas que houve entre seus herdeiros, na disputa de cargos e de riquezas; e que, após desaparecido todo perigo, voltaram para Nazaré, situada, como sabemos, na Galileia, a 123 quilômetros de Belém.[13]

---

[13] Nessa casa de Nazaré, viveu Maria e após o drama do Gólgota, tornou-se ela o ponto de reunião dos apóstolos e dos discípulos durante a perseguição do clero judaico que somente amainou com a morte do velho Hanan e a conversão de Saulo de Tarso.

Capítulo 7

A CIDADE DE NAZARÉ

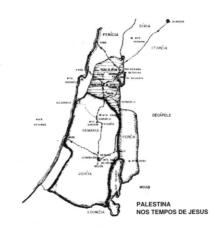

PALESTINA NOS TEMPOS DE JESUS

A cidadezinha de Nazaré, onde o Menino passou os primeiros tempos de sua infância, ficava situada em um vale fértil e belo e tinha uma população de mais ou menos 5.000 habitantes.

Era um aglomerado de casinhas baixas, na maior parte encravadas nas encostas dos morros, para dentro dos quais ficavam os cômodos interiores. Casas rústicas, mal ventiladas, escuras, porém frescas no verão e bem protegidas no inverno.

Era rodeada de olivais e vinhedos, que desciam das encostas formando degraus. Pouso obrigatório de caravanas que vinham de Damasco ou de Jerusalém e, por isso mesmo, lugar mal frequentado e de má fama. Possuía vários poços de água e albergues para caravaneiros e floresciam ali as tendas de ferreiros, carpinteiros e outros artífices que trabalhavam para atender às necessidades das caravanas.

Nazaré ficava bem no centro da Galileia que, por sua vez, era região desprezada pelos judeus, por ser habitada por homens rústicos, pouco fiéis às leis e aos ritos judaicos. Por isso os judeus diziam deles: "esse povo sentado nas trevas e nas sombras da morte..."

Realmente gente de sangue impuro, mistura de sírios, fenícios, babilônios e gregos e, quando o nome de Jesus começou a ser citado como rabi poderoso, os judeus escarneciam, dizendo e cuspindo de lado: "Não sairá profeta da Galileia". E quando verificaram que ele era de Nazaré, então exclamavam perguntando: "Pode vir alguma coisa boa de Nazaré?". E muito mais tarde, após o batismo simbólico de Jesus, ao organizar-se o quadro de discípulos,

O Redentor

convidaram a Natanael, de Caná, a segui-lo, e este repetiu o mesmo refrão, duvidando: "Pode vir alguma coisa boa de Nazaré?".

Seus habitantes, sobretudo os mais pobres, usavam uma túnica de estamenha, amarrada à cintura por um cadarço de linho; a davam descalços ou com uma sola de madeira presa aos pés.

Nazaré não ficava propriamente na estrada de caravanas, mas a uma pequena distância desta; a estrada principal passava por Séforis a capital da província, cidade importante, a meio dia de jumento de Nazaré e onde havia escolas, academias e inúmeras sinagogas, cujos letrados estavam sempre ao corrente das emendas e alterações que, em Jerusalém, se faziam nos textos, pelas academias maiores dirigidas por Hillel, por Schamai e Nicodemo.

Em toda a Palestina a sociedade era dividida em homens "puros e impuros": cultos, de genealogia pura, cumpridores exatos da Lei, denominados chaverins; e incultos, rústicos, homens da terra, de genealogia obscura, confusa, misturada a raças impuras, denominados amharets.

Na Galileia predominavam os homens da terra, os impuros, mas era ela a região mais bela da Palestina.

Até a fala dos galileus era diferente e tida como bárbara. Tão diferente que Simão Pedro, no pátio de Hanan, à beira do fogo, naquela noite fria e triste em que o Mestre estava sendo julgado, tentou negar ser seu discípulo, quando interpelado por uma mulher do serviço da casa, mas foi por ela imediatamente desmascarado quando ela disse: "Tu és também dessa gente, pois te reconheço pela fala".

Na cidadezinha todos se dedicavam ao trabalho, sol a sol, pois eram pobres, quase que sem exceção. Aliás, todo israelita que se prezava aprendia um ofício. Havia um refrão dizendo: "aquele que não ensina um ofício a seu filho prepara-o para salteador de estrada".

Paulo de Tarso, por exemplo, era tecelão; Nicodemo era barbeiro; Judas, oleiro; José, carpinteiro e o próprio Jesus, após a morte de seu pai, que se deu no ano 23, concorreu à manutenção da família, trabalhando no mesmo ofício, quando seus irmãos afins também já se haviam casado.

INFÂNCIA E JUVENTUDE DO MESSIAS

Desde que seus pais voltaram a Nazaré, vindos do exílio demorado, o Menino começou a frequentar a sinagoga local, acompanhando a família aos sábados, para aprender a orar segundo os ritos e se instruir na Tora; porém, logo depois, suas extraordinárias qualidades puseram-no em franca evidência, não só perante os mestres como perante os colegas, criando-lhe hostilidades de muitas espécies; e isso obrigou seus pais a providenciarem sua instrução primária na própria residência, com auxílio do hazan da sinagoga local.

Ele era realmente diferente das demais crianças e não as acompanhava em suas diversões e correrias; possuía uma inteligência fora do comum e uma seriedade que constrangia e irritava a todos.

O Templo local era uma vasta sala rústica, com duas ordens laterais de colunas, com tabiques de madeira, separando os homens das mulheres; aos lados havia bancos e, ao fundo, um estrado elevado, contendo um armário para guardar os rolos das escrituras e os símbolos judaicos, que eram três, a saber: a miniatura da arca da Tora; o cacho de uvas e o candelabro de sete braços; uma mesinha de pernas altas, com estante, para facilitar a leitura dos rolos, e, à frente do estrado, vários assentos especiais para as pessoas mais importantes do lugar, que permaneciam com a frente voltada para a assistência. Eram os chamados "primeiros lugares" aos quais Jesus se referiu em uma de suas parábolas.

Logo abaixo existia uma cadeira de pedra chamada "o trono de Moisés", onde se colocava o hazan, rodeado dos sete conselheiros letrados, que usavam túnica ritual preta. Depois do púlpito ficava o povo, sentado em pequenos bancos rústicos, agrupados segundo as profissões e condições de "pureza e impureza".

Na hierarquia profissional eram consideradas profissões mais elevadas e dignas: as de ourives, fabricantes de sandálias, roupas e paramentos; e inferiores: as de tecelão, curtidor, tosquiador, vendedor de unguentos e perfumes, estes dois últimos considerados de má fama, por lidarem mais particularmente com mulheres.

O Redentor

Mais afastados ficavam os sem profissão, os mendigos e, ainda mais longe, os almocreves, os que recolhiam as sobras das colheitas e, por último, os sitiantes, que não cumpriam os ritos da Tora; os gentios e nativos edomitas e moabitas, estes últimos presentes somente para ouvir os textos que lhes eram, ao fim, repetidos em aramaico, língua usada também na Síria oriental.

Naquele tempo o que mais preocupava a todos os Espíritos era a vinda iminente do Messias nacional e, às crianças, se ensinavam profecias evocativas, lendo versículo por versículo e decorando todos eles, para repetir quando interrogadas.

Quando Jesus ia ao Templo local, nas cerimônias públicas do culto, seu Espírito costumava, às vezes, exteriorizar-se, e, imprevistamente, intervinha, de um ou de outro modo, esclarecendo os ouvintes, como se fosse uma autoridade sapiente.

Numa das primeiras vezes em que lá esteve, interrompeu o hazan[14] para corrigir uma interpretação do texto lido, referente ao profeta Samuel e isso, como era natural, pela sua pouca idade e atrevimento, causou escândalo.

Depois que passou a estudar em casa e já se desenvolvera bastante, ajudava seus pais nos trabalhos domésticos, na cultura do horto e no apascentamento do pequeno rebanho da família e, nesses trabalhos, aprendeu os hábitos e os costumes do povo local. De outra parte interrogava os dirigentes e membros das caravanas, para obter conhecimentos sobre países estrangeiros, seus costumes, religiões, etc. e tudo isso concorreu bastante para que pudesse idealizar mais tarde suas maravilhosas parábolas e alegorias.

O Evangelho está repleto de narrativas sobre curas e "milagres" efetuados por Jesus. Na realidade isso vinha acontecendo desde seus primeiros dias e aconteceria até os momentos trágicos do Gólgota.

---

[14] Sacerdote ou funcionário da administração dos serviços do Templo e de suas relações públicas.

Edgard Armond

Desde criança, o Divino Enviado, muitas vezes só com sua presença, operava curas e fenômenos incomuns e, à medida que seus poderes psíquicos foram se exteriorizando com o crescimento, maiores e mais numerosas eram as circunstâncias em que tais fatos sucediam, enchendo de assombro e respeito a todos quantos os presenciavam.

Ao deparar com o sofrimento humano em qualquer de suas formas, o Divino Mestre sentia-se tomado de compaixão e fluidos magnéticos irradiavam dele em grandes ondas.

Como Espírito de elevadíssima condição (pois era um serafim do Sétimo Céu de Amadores), já integrado na unidade da Criação Divina, Espírito da Esfera Crística, padecia com o sofrimento dos homens e nem sempre podia esconder as próprias lágrimas.

À aproximação de sofredores e malfeitores seu coração sangrava e não sossegava enquanto não beneficiasse a todos eles. E, com o passar do tempo, essa sensibilidade extraordinária, realmente divina, aumentou de tal forma que, muitas vezes (como acontecia no período das pregações), o levava ao esgotamento físico, sendo obrigado a afastar-se para refazer-se, porque estava atuando em um corpo de carne, sujeito às fraquezas próprias do plano denso em que vivemos.

Desde quando adolescente, em Nazaré, com auxílio do hazan local, assistia e socorria necessitados, inclusive escravos e perseguidos.[15]

"Se tens amor ao teu próximo", dizia Jesus, "sentirás em ti mesmo suas dores e alegrias e, quando doente, poderás curá-lo de seus males".

"O sofrimento", afirmava, "é a fonte do amor; as dores são cordas que nos atam ao Pai do Céu". "Bem-aventurados", acrescentava, "os que sofrem miséria e doença, porque pagam nesta vida suas dívidas e grandes alegrias preparam para si mesmos na vida eterna".

---

[15] Pela legislação de então, o escravo fugido que se abrigasse em uma casa, não devia ser devolvido ao dono, mas sim aceito e protegido. Após sete anos de serviço, o escravo podia pedir sua liberdade, que lhe era dada mediante documento escrito, que as autoridades tinham o dever de fornecer.

O Redentor

Aos doentes, muitas vezes, quando era jovem, perguntava: "Acreditas que sou capaz de curar-te?". Se a resposta era afirmativa, respondia: "Pois então estás curado, porque a fé é uma força poderosa". Ou então: "Crês sinceramente na misericórdia de nosso Pai Celeste?". Se a resposta era afirmativa, dizia logo: "Então, na certa que te curarás, porque a bondade de Deus é infinita".

E sempre rematava esses curtos diálogos pedindo a Deus, fervorosamente, pela cura do doente.

Capítulo 8

JERUSALÉM

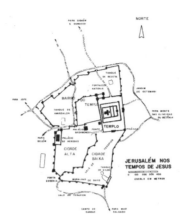

Ao tempo de Jesus, a Palestina tinha aproximadamente três milhões de habitantes. (Fig. 1, pág. 26)

Dividia-se em quatro províncias, a saber:

A Itureia, a oriente do Jordão; a Galileia, contendo parte da Peréa, ao norte; ao centro a famosa Samaria, inimiga dos judeus, que levantara no Monte Garizim um enorme templo que rivalizava, em termos, com o de Jerusalém; e ao sul, a Judeia, berço dos judeus de raça pura e aristocrática.

Jerusalém era a capital nacional, famosa em todo o mundo antigo, centro da vida religiosa, sede do governo nacional, situada sobre um altiplano de quase mil metros de altitude, defendida por cinco quilômetros de muralhas e profundos vales e montes, num dos quais estava localizado o Grande Templo.

Possuía a cidade três bairros, a saber: a cidade alta, residência dos ricos, situada no Monte Sião; a cidade baixa, situada às margens do Fosso de Terapion, onde se aglomerava o povo pobre; e o bairro do Templo, com suas vastíssimas dependências, dominando todas as imediações e ligado à cidade alta por meio de uma larga e extensa ponte de pedra.

Normalmente, era de 65 a 70 mil habitantes a população da cidade, número este permanentemente multiplicado pelo movimento intenso de forasteiros e peregrinos.

O Redentor

Pela Páscoa do ano 12, tendo atingido idade legal, que lhe permitia certa independência, Jesus, pela primeira vez, acompanhou sua família na peregrinação de costume, no mês do Nizan.[16]

Nessa época, de todos os pontos da Palestina e de países vizinhos, afluíam à Capital judaica caravanas inumeráveis de peregrinos que se reuniam segundo as procedências, interesses, amizades, laços de família, etc. Ao passar uma caravana por determinado lugar, iam-se-lhe agregando todos aqueles que o desejassem, após o devido entendimento com o guia que a comandava.

O caminho de Nazaré a Jerusalém, após a cidade de Siquém, tornava-se perigoso por causa dos bandos de malfeitores romanos, herodianos e mesmo judeus, que infestavam os ermos. Além disso, Siquém ficava na Samaria, região detestada e proibida. Por isso todos viajavam em bandos ou caravanas que possuíam guardas armados para defender os viajantes e preferiam esta rota mais extensa, porém mais segura, com 140 quilômetros, passando sucessivamente por Citópolis, Sebaste, Antipatris e Nicópolis.

Por esta rota, ao terceiro dia, os peregrinos atingiam a Capital, passando, ao chegar, pela via das rochas vermelhas que chamavam de Caminho de Sangue. Por fim subiam ao Monte das Oliveiras, do cimo do qual avistavam as cúpulas douradas do Grande Templo. Agitavam então palmas, arrancadas do arvoredo rasteiro e entoavam o "Cântico dos Degraus", de Davi: "Hallel! Hallel! Haleluia! Nossos passos se detêm às tuas portas, oh! Jerusalém!". Esse canto bem representava a alegria intensa da chegada.

Descrever o que se passava em Jerusalém durante a Páscoa é tarefa enorme, muito além dos limites postos a esta obra e limitamo-nos a dizer que, ao chegar, os peregrinos acolhiam-se, parte em casa de parentes, parte acampava em lugares previamente marcados pelas autoridades clericais, mas sempre dentro dos muros e muitos permaneciam sem abrigo, aboletando-se à sombra de muros, portais de residências, prédios públicos, etc. (Fig.2)

---

[16] Março. Eis os meses do calendário hebreu, na mesma ordem do nosso: Shebat – Adar – Nizan – Zif – Sivan – Tammuz – Ab – Elul – Tishri – Bul – Kislev – Tebeth.

Os que acampavam, armavam suas tendas, muitas delas ricamente ornadas de festões e barras de púrpura, com indicações de suas origens geográficas; preparavam ali seus alimentos, expunham mercadorias à venda, iniciavam visitas de negócios, misturavam-se com as multidões nas ruas e no Pátio dos Gentios, no Templo, enquanto novas caravanas desfilavam pelas ruas, chegando de todas as partes e enchendo a cidade de alarido e de tumulto.

E isso durava dia e noite, durante todo o tempo em que as cerimônias da Páscoa se desenvolviam na cidade, até que, terminadas estas, os agrupamentos se recompunham, nas mesmas condições da chegada e iam, um a um, demandando as portas da cidade, cantando coros, rumo a seus lares distantes.

Em Jerusalém, os pais de Jesus se hospedavam em casa de Lia, parenta de Maria, onde também se juntavam outros parentes e conhecidos, tomando conta dos cômodos interiores e dos pátios.

Foi nestas condições, diz o Evangelho, "que ao regressar a caravana, no primeiro pouso[17], deram pela falta do menino e voltaram à cidade para procurá-lo; e que o encontraram, ao fim de três dias, em um dos pátios do Templo, discutindo com os doutores".

Não há que estranhar esse desaparecimento porque, à hora da partida, havia sempre intensa balbúrdia na caravana, até que esta se formasse em ordem e, quando ela se movia, os varões iam à frente, cantando e tocando seus instrumentos, vindo em seguida as mulheres e os velhos, com os seus bordões. Quanto às crianças, estas andavam de um lado para outro, livremente, na marcha, às vezes correndo, mesmo, à frente da caravana, para chegarem primeiro ao ponto de pouso. De maneira que, à saída, os pais do menino, não estando juntos, mas separados, pensaram, um, que o menino estava em companhia do outro ou, talvez, em companhia dos outros meninos, nas suas alegres correrias, só dando pela falta, depois que todos chegaram ao pouso.

Por isso voltaram a procurá-lo e o encontraram no Templo, **discutindo com os doutores.**

---

[17] Beeroth, não-citado, a 15 quilômetros da cidade.

Fig.2

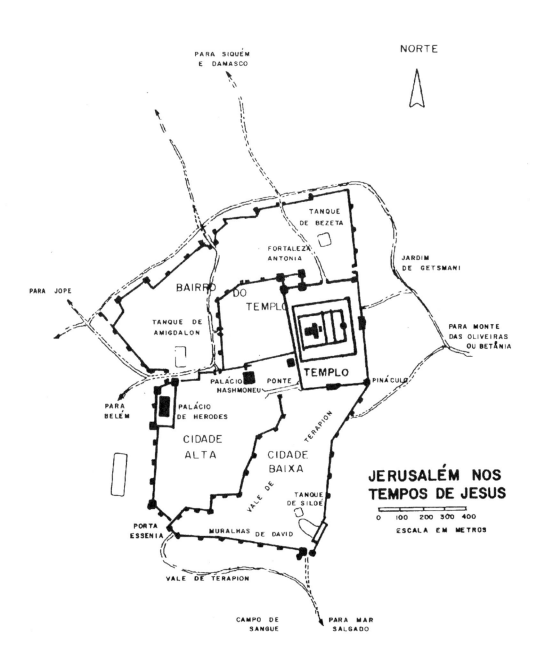

Capítulo 9

JESUS NO TEMPLO

No Templo era costume sentarem-se os rabinos em bancos rústicos, nos pórticos de entrada e nos seus pátios públicos, e, ao redor deles, se aglomerava a multidão de assistentes, ávidos sempre de ouvir comentários sobre a Lei de Moisés, que cada rabino fazia segundo os pontos de vista da "Escola" da linha iniciática à qual pertencia, isto é, dos saduceus ou dos fariseus, das escolas de Hillel ou de Schamai.

Jesus realmente não seguira com a caravana; o Templo o atraía de forma irresistível e, durante os dias que passou na cidade, não andava em outros lugares que ali dentro, vasculhando todos os cantos, pátios e dependências, observando tudo o quanto se passava.

Naquele dia se aproximara de uma reunião que se realizava no pátio de Nicolau de Damasco[18] onde se debatiam os problemas apaixonantes relacionados com a vinda do Messias nacional.

Doze anos já se havia passado desde quando se dera a conjunção planetária indicial e ainda nada sucedera e nada se sabia a respeito de seu nascimento tão aguardado. Teria Ele chegado? Nada se sabia, também, sobre a vinda de Elias, o profeta da antiguidade. As Escrituras não diziam que Elias deveria vir primeiro

---

[18] Letrado fariseu, ex-ministro da corte de Herodes, o Grande

O Redentor

para preparar-lhe o caminho? Se já tinha vindo, por que então não aparecia? Israel não estava há tanto tempo sofrendo a desgraça da escravidão? Era isto que discutiam acaloradamente os velhos rabinos, enquanto o menino estava ao lado, sem ser percebido, ouvindo os comentários até que, por fim, interveio de súbito, como costumava fazer às vezes, passando a falar com extraordinária segurança e sabedoria, dizendo que "Deus, o supremo criador, lhes havia dado como primeira lei o amor por Ele sobre todas as coisas e que agora, pelo Messias, dar-lhes-ia a mesma lei, porém levada à suprema altura do amor por todas as criaturas e por todas as coisas".

"Que a lei do Pai criador e supremo doador da vida, jamais se exerce pela cólera, mas pela justiça, que vigora invariavelmente em todos os mundos do imenso universo. Pelo amor estareis em mim, diz o Pai e estarei em vós, pois que sois uma emanação do meu supremo ser. O Messias que esperais já está entre vós e será meu verbo, para que vos ameis uns aos outros e possais vos integrar na unidade divina que é Luz, Energia e Amor eterno".

Enquanto falava, o menino parecia irradiar intensa luz ao seu redor e crescia em estatura, maior que um homem. Mas, de súbito, calou-se, enquanto os doutores presentes, estarrecidos de espanto, se entreolhavam, porque o menino havia esclarecido suas dúvidas e tocado profundamente suas almas.

Quando se afastou, eles disseram entre si: "O Espírito Divino soprou agora neste recinto".

Capítulo 10

O GRANDE TEMPLO JUDAICO

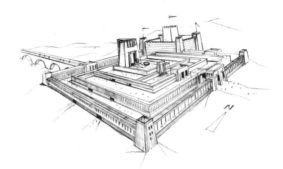

Idealizado pelo rei Davi e construído no reinado do seu filho Salomão, o Grande Templo era o orgulho e a glória da nação.

Orientou sua construção uma equipe de técnicos fenícios, enviados pelo rei Hiram em troca de mercadorias e de segurança de paz entre os reinos.

A construção, segundo alguns autores, levou três anos somente, de 1006 a 1003 a.C.; foi destruído pelos caldeus em 587 a.C.; reconstruído por Zorobabel, um dos chefes do povo escravizado na Babilônia, no tempo de Ciro; danificado por Pompeu em 63 a.C. e, por fim, reparado por Herodes, o Grande.

Sua arquitetura lembrava a dos Templos egípcios e fenícios. Tinha proporções monumentais e era ornamentado com um luxo extraordinário.

Na sua forma geral o Templo era constituído de dois retângulos concêntricos, separados por enormes pátios. Todos os lados desses retângulos eram formados por galerias e colunas, com amplos pórticos. Os lados do retângulo exterior tinham 470 metros de comprimento no sentido norte-sul e 380 no sentido leste-oeste. A porta central, no primeiro retângulo tinha 3 passeios com 4 fileiras de 41 colunas de mármore em todo comprimento, cada uma delas medindo 6 metros de circunferência. O povo transitava pelas galerias laterais que tinham, cada uma delas, dois passeios de 9 metros de largura.

O Redentor

Havia 4 portas a oeste, 2 a sul e 2 a leste, formando estas a chamada Porta Dourada. A sudoeste havia uma porta, levando a uma ponte de grande extensão que ligava o Templo à Cidade Alta.

Penetrando por qualquer destas entradas, atingia-se o Pátio dos Gentios, construído todo em volta do corpo central do Templo e que comportava 140.000 pessoas. Nenhum estrangeiro podia ultrapassar esse pátio sob pena de morte. Em seguida, vinha uma esplanada chamada Pátio dos Israelitas, já no corpo central do Templo, comportando 50.000 pessoas e de onde os assistentes podiam abrigar-se nas cerimônias rituais e holocaustos maiores.

Ao fim da esplanada surgia uma construção interna, tida como sagrada, de 185 por 110 metros, aos lados da qual ficavam os alojamentos dos sacerdotes de serviço e de guarda dos objetos de uso nos diferentes rituais do culto.

Penetrando nesse edifício central pelo lado leste, subia-se uma larga escada e atingia-se o Pátio das Mulheres que comportava 14.000 pessoas. Desse pátio, por uma escada circular de 15 degraus, subia-se ao Átrio Superior dos Homens, que comportava 10.000 pessoas e terminava em uma monumental porta de bronze com 22 metros de altura que à noite se fechava. Daí passava-se ao Pátio dos Levitas, com 80 metros de largura, contendo ao centro o Altar dos Sacrifícios, recoberto de espessas lâminas de bronze, ao qual se atingia subindo uma rampa larga de 8 metros. De manhã à noite, ardia sobre esse altar um braseiro tido como sagrado, que consumia a carne das vítimas, até ali trazidas por sacerdotes auxiliares; e ao seu lado existia um enorme tanque de água.

Atrás desse pátio erguia-se o Santuário propriamente dito, com 45 metros de largura e que se dividia em três partes, a saber: a da frente, onde permaneciam os levitas, enquanto o sacerdote de serviço oficiava; a do meio, chamada O Santo, onde estava situado o Altar dos Perfumes, decorado de placas de ouro e cuja porta, também, recoberta de ouro, só se abria à hora dos sacrifícios, permanecendo sempre velada por uma cortina púrpura-roxa; e, por último, o Santo-Santorum que era um quadrado de 10 metros de cada lado, completamente escuro, como a antiga Arca da Aliança do povo no

Edgard Armond

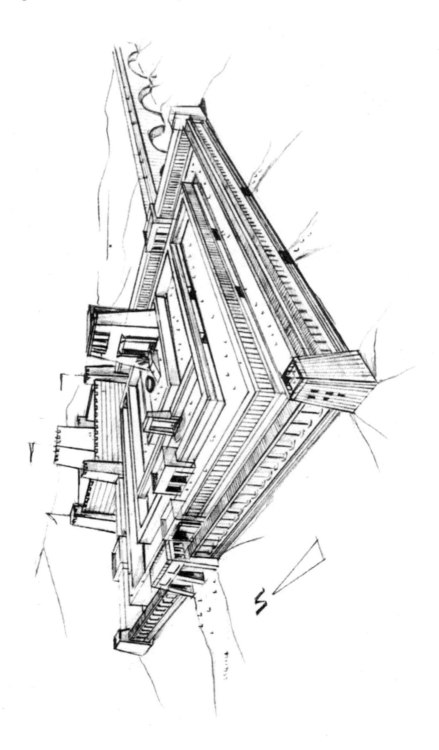

O Redentor

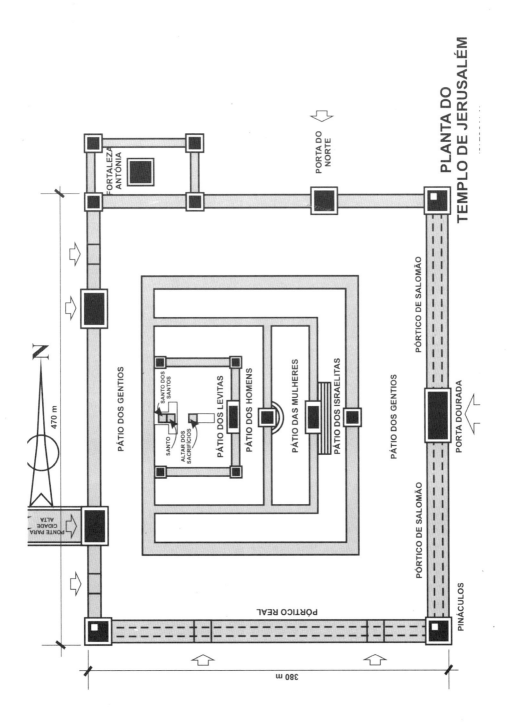

deserto e onde ninguém entrava a não ser o sumo sacerdote, uma vez por ano.[19]

No ângulo sudeste do Templo, elevava-se a Torre chamada Pináculo ou Lusbel para onde, segundo a tradição, Jesus foi transportado pelo Espírito do Mal, quando este o tentou, no deserto, depois do batismo de João. E no ângulo noroeste estava encravada, na construção geral, a Fortaleza Antônia, com suas muralhas de 21 metros de altura e sua torre de 36 metros, ocupada pelos romanos e da qual suas sentinelas vigiavam, noite e dia, tudo o quanto se passava nos pátios exteriores do Templo, sendo este um dos motivos determinantes do ódio que mereciam os invasores por parte dos sacerdotes e povo.

Das imensas colunas do Templo desciam cortinas vermelhas, azuis, brancas e roxas, simbolizando os quatro elementos da Natureza: terra, ar, fogo e água.

As portas do Templo eram guardadas rigorosamente por sentinelas, havendo severo policiamento interno e externo, realizado pelos Guardas do Templo, cujo comandante era um dos sacerdotes subordinados ao sgan do Templo, quase sempre membro da família do Sumo-Sacerdote, que na época era Caifás, genro de Hanan, cuja família absorvia a maioria dos cargos importantes.

---

[19] O general romano Pompeu, quando tomou Jerusalém, no ano 63, penetrou pela força nesse santuário, movido pela curiosidade, para ficar conhecendo o segredo que ali existia, conforme era corrente, porém nada encontrou.

Capítulo 11

REIS E LÍDERES

A esse tempo, três famílias disputavam periodicamente, revezando-se, o cargo de sumo sacerdote: a de Boetus, a de Phabi e a de Hanan.

No seu ódio contra as correntes dominadoras, a saber, a estrangeira e a clerical, o povo, em todas as oportunidades, as invectivava, gritando: maldita seja a família de Boetus; maldita seja a família de Phabi; maldita seja a família de Hanan.

Eram famílias aristocráticas e poderosas e dentre elas sobressaía a de Hanan, que se vinha mantendo nos cargos há vinte anos, a custo de sucessivas e régias ofertas aos romanos. Essa família já dera muitos sacerdotes e, mais tarde, no ano 70, ao ser a cidade destruída pelos romanos, por Tito Vespasiano, era ainda um Hanan que ocupava o cargo. Normalmente este era obtido por eleição. Pelo voto dos sacerdotes de hierarquia mais elevada, ou por acomodações vantajosas entre eles; mas, à época de Jesus, em regime de plena corrupção, os procuradores romanos punham o cargo em leilão anualmente.

A Palestina, após a conquista de Pompeu no ano 63 a.C., e subsequente transformação em província do Império, decaiu rapidamente de seu antigo poderio. A conquista se deu quando o país era governado pelo rei nativo Hircano, descendente dos Macabeus, mas, com a morte deste rei e após várias lutas internas, o ambicioso

Edgard Armond

Herodes — futuramente chamado O Grande — conseguiu proclamar-se rei dependente de Roma e governar despoticamente vários anos, até o dia de sua morte trágica.

Seu pensamento era formar uma estirpe real do seu nome e, em seu testamento, dividiu o país em três partes e as legou a seus três filhos, com o mesmo título de reis; mas o Imperador romano negou tal desejo, concedendo-lhes somente o título de governadores. Assim, Arquelau foi indicado como etnarca da Judeia e da Samaria; Herodes Antipas, tetrarca da Galileia, e Herodes Felipe, tetrarca da Itureia.[20]

Porém, após essa divisão, não tardou que Arquelau, o melhor aquinhoado, pelas suas crueldades e desmandos, fosse demitido pelos romanos e exilado nas Gálias, passando a Judeia e Samaria a serem governadas por um Procurador do Império, o terceiro dos quais foi Pilatos.

Pilatos pertencera ao exército de Germânico, filho de Augusto assassinado em Alexandria a mandado de Tibério, o imperador atual. Aventureiro e ambicioso, sem escrúpulos, aceitou casar-se com Cláudia, enteada de Tibério, de fama pouco honrosa. Após o casamento, Pilatos pediu o governo da Judeia, por ser muito rendoso.

Normalmente, o Procurador vivia em Cesareia, capital litorânea, no Mediterrâneo, mas quando vinha a Jerusalém, principalmente nos dias em que aumentava o afluxo de peregrinos (o que sempre pressagiava tumultos), hospedava-se no Palácio de Herodes, a edificação mais luxuosa, quando não se encerrava diretamente na Fortaleza Antônia, segundo as circunstâncias.

Os líderes espirituais do povo não eram, na realidade, os sumo-sacerdotes, como seria natural que fosse, mas sim os rabis, os intérpretes da Lei que, normalmente, usavam vestes franjadas e cintas de couro na testa e nos braços.

Levavam o povo para onde queriam, sendo seguidos fanaticamente e, por isso mesmo, sempre vigiados pelo Sinédrio.

---

[20] Tetrarca, termo grego significando para os romanos, na sua divisão territorial, príncipe ou funcionário que governava a quarta parte de um reino desmembrado; Etnarca, título dado a quem governava uma província, como já dissemos atrás.

O Redentor

Os sumo-sacerdotes eram aristocratas, quase sempre da corrente dos saduceus, enquanto os rabis eram fariseus, homens do povo, sem ligações partidárias, que se limitavam à interpretação da Lei consignada na Tora. Enquanto os rabis encarnavam os sentimentos religiosos predominantes, os sacerdotes representavam o poder político.

Todos os povos adoram arte, ciência, esporte, lutas, riquezas, glórias mundanas, mas os judeus, nesse tempo, desprezavam tudo isto e somente adoravam seu Deus Jeová. Isso, aliás, lhes vinha de sua destinação de povo escolhido, com aliança remota, obtida por seu ancestral Abraão, seu primeiro patriarca, com o deus nacional.

Como já dissemos, o Templo era o centro vital da vida judaica, tanto para os habitantes da Palestina, como da Diáspora, e os sumo-sacerdotes eram os senhores do Templo, com plenos poderes sobre seus súditos.

Como todas as províncias romanas, a Palestina gozava de liberdade religiosa e judiciária, esta exercida pelo tribunal do Sinédrio; somente não tinha poderes para decretar penas de morte, que eram de alçada dos romanos, representados pelo Procurador de César.

O Sinédrio escorchava o povo com tributos de toda sorte, que eram pagos religiosamente, além daqueles que eram devidos aos romanos invasores e aos reis locais.

Capítulo 12

AS SEITAS NACIONAIS

Ao tempo do nascimento de Jesus, existiam diferentes seitas influindo na vida da Nação, a saber: os Fariseus, os Saduceus, os Zelotes e os Essênios.

OS FARISEUS

O termo vem de **perischins** que significa **separados, distinguidos**.

Os fariseus eram considerados os verdadeiros judeus da época, os melhores cultuadores e intérpretes da Tora. Dotados de mentalidade estreita, levavam ao máximo rigorismo o culto exterior e a expressão literal dos textos. De outra parte, esforçavam-se por impor ao povo regras e rituais que jamais pertenceram aos ensinamentos de Moisés, dos quais se diziam e julgavam fiéis seguidores. Ricos e orgulhosos, foi contra eles que Jesus dirigiu grande parte de suas apóstrofes e advertências.

Criam na imortalidade da alma e na ressurreição. Eram fatalistas, colocando sempre sob a vontade de Deus a boa ou a má conduta dos homens. Criam também que as almas dos virtuosos voltavam a animar novos corpos, enquanto as dos malfeitores e dos heréticos eram submetidas a castigos eternos após a morte.

OS SADUCEUS

O termo vem de Sadic — o Justo — ou de Sadoc, justiça. Tiveram sua origem no Egito. Usavam os cabelos penteados de forma arredondada e em geral usavam tonsura.

Eram livres pensadores, materialistas e céticos. Não criam na fatalidade ou no destino e também discordavam dos fariseus em atribuírem a Deus a boa ou má conduta dos homens. O homem, diziam, deve guiar-se pelo livre-arbítrio e é o único autor de sua infelicidade ou ventura.

Negavam a imortalidade da alma, a ressurreição e, decorrentemente, as penas e recompensas futuras e, no culto, somente admitiam as práticas fixadas pela Lei.

Eram menos numerosos que os fariseus, porém suas riquezas e prestígio os colocavam nos postos mais altos da administração e da sociedade. Por isso eram pacíficos e acomodados e não se deixavam empolgar pela geral expectativa da vinda de um Messias nacional.

Disputavam sempre, e com frequente vantagem, o cargo de sumo-sacerdote, pela grande influência que este exercia na vida da Nação.

OS ZELOTES, ou zeladores

Sua influência era sempre ocasional, não permanente como a dos dois anteriores. Eram os remanescentes da seita nacionalista fundada por Jesus de Gamala — o gaulonita — e vinham numa linha direta dos Macabeus, os mais nacionalistas de todos os chefes e reis da antiguidade nacional.

Mais tarde esta seita adquiriu extraordinária importância na vida política do país, porque dela vieram os elementos que mais decisiva e definitivamente concorreram para o desencadeamento das revoltas de 70 e 117 a.D. contra os romanos invasores e que tiveram como resultado primeiramente o cerco e a destruição de Jerusalém e do Templo e, mais tarde, o epílogo desastroso do extermínio em massa da população, e consequente expatriação dos que sobreviveram às represálias romanas.

OS ESSÊNIOS[21]

Seita dissidente que, por sua importância histórico-religiosa merece um capítulo à parte, como segue:

---

[21] O termo deriva do nome Essen, filho de Moisés, um dos hierofantes que o acompanhavam ao Monte Nebo, onde faleceu no seu exílio voluntário.

Capítulo 13

A FRATERNIDADE ESSÊNIA

Quando o Governador Planetário encarnou como Jesus de Nazaré, para sua imortal missão sacrificial, outros Espíritos, devidamente qualificados, desceram também para auxiliá-lo e preparar-lhe os caminhos. Assim, os familiares, os discípulos, os apóstolos...

Uma das mais marcantes dessas tarefas coube à Fraternidade dos Essênios, que o amparou desde jovem até os últimos instantes de sua tarefa redentora.

João Batista era essênio e, quando desceu para as margens do Alto Jordão, vindo do Mosteiro do Monte Hermon, na Fenícia, para dar cumprimento à sua tarefa de Precursor do Messias, fê-lo atendendo ordens que de há muito aguardava, esperando a sua vez.

Detentores, há séculos, das tradições de sabedoria herdadas dos antepassados, conservavam os essênios, em seus mosteiros nas montanhas palestinas, fenícias e árabes, arquivos preciosos e conhecimentos relacionados com o passado da humanidade; e assim como a Fraternidade dos Profetas Brancos, na legendária Atlântida, apoiou os Missionários Anfion e Antúlio, que ali encarnaram, e a Fraternidade Kobda apoiou os que difundiram as verdades espirituais no Egito e na Mesopotâmia, assim, eles, os Essênios, apoiaram a Jesus, na Palestina.

Conquanto menos numerosos, segundo parecia, seu número entretanto não era conhecido com exatidão e, se muito reduzida era sua influência nas rodas do Governo, muito profunda e ampla era a

O Redentor

que exercia no seio do povo humilde, em toda Palestina, onde eram considerados sábios e santos, possuidores de altos poderes espirituais.

Viviam afastados do mundo, como anacoretas, em mosteiros e grutas nos alcantilados circunvizinhos, porque discordavam dos rumos que o clero judaico imprimira aos ensinamentos mosaicos dos quais eles, os essênios, eram os herdeiros diretos e possuíam arquivos autênticos e fiéis.

Segundo eles, as virtudes e a conduta reta dependiam da continência e do domínio das paixões inferiores. Abstinham-se do casamento e adotavam crianças órfãs como filhos. Viviam em comunidades, desprezando as riquezas, as posições e os bens do mundo. Exigiam a reversão dos bens pessoais à Ordem, por parte dos que desejavam ingressar nela.

Vestiam túnicas brancas ou escuras e quando viajavam não carregavam bagagem nem alforjes, roupas ou objetos de uso porque, por todos os lugares por onde andassem, encontrariam acolhimento por parte de membros da Ordem. Esta exigia que em todas as vilas e cidades houvesse um membro da Ordem denominado O Hospitaleiro, que providenciava a hospedagem dos itinerantes, provendo-os do necessário. Havia cidades como por exemplo, Jericó, onde grande parte da população pobre e de classe média era filiada a essa Fraternidade.

Os essênios entregavam-se francamente e com a máxima dedicação à prática da caridade ao próximo, mantendo hospitais, abrigos, leprosários, etc., assistindo os necessitados em seus próprios lares, adotando crianças, como já dissemos, mantendo orfanatos, no que, pode-se dizer, agiam como precursores dos futuros cristãos dos primeiros tempos.

Na comunidade, trabalhavam ativamente em suas respectivas profissões e tinham pautas de trabalho a executar periodicamente, fora ou dentro das organizações da Ordem, em bem do próximo.

Não comiam carne, não tinham vícios e viviam sobriamente.

Os que revelavam faculdades psíquicas eram separados para o exercício do intercâmbio com o mundo espiritual e ao exercício da medicina, empreendendo estudos adequados e viajando diariamente por muitos lugares, sob a designação de **terapeutas**, em cuja qualidade consolavam os famintos, curavam os doentes, espalhando as luzes das verdades espirituais e as práticas do atendimento contra obsessores, como hoje em dia são popularizadas pelo Espiritismo.

Entre eles havia uma hierarquia altamente respeitada, baseada no saber, na idade e nas virtudes morais, cuja aquisição era obrigatória para todos os filiados à Ordem.

No primeiro ano da iniciação, os aprendizes eram proibidos de praticar suas regras na vida exterior, no lar ou na sociedade a que pertenciam; ao fim desse primeiro ano começavam a tomar parte em alguns atos coletivos, exceto as refeições em comum, às quais só poderiam comparecer dois anos mais tarde, após darem garantias seguras sobre a pureza e a retidão de suas ações, seu espírito de tolerância e sua castidade probatória. No ato da aceitação assumiam o compromisso de servir a Deus, observar a justiça entre os homens e jamais prejudicar o próximo sob qualquer pretexto; apoiar firmemente os que observavam as leis e de agir sempre com boa fé e bondade, sobretudo em relação aos dependentes e servos, "porque o poder" — diziam eles — "vem somente de Deus". Ao desempenharem qualquer cargo de autoridade, deviam exercê-lo sem arrogância e orgulho e jamais tentar distinguir-se dos outros pela ostentação de riqueza, ornamentos e vestuários; amar a verdade e jamais criticar ou acusar alguém, mesmo sob ameaça de morte.

Para julgar uma transgressão grave exigiam a reunião de, pelo menos, cem membros adultos, porque a condenação implicava na eliminação das fileiras da Ordem, à qual o faltoso só podia volver após duras e longas expiações e purificações físicas e morais.

Na hierarquia espiritual, após o nome de Deus, o de Moisés era o que merecia maior veneração.

No terreno filosófico ensinavam que o corpo orgânico era destrutível e a matéria transformável e perecível, enquanto as almas eram individuais, imortais e indestrutíveis, por serem parcelas infinitesimais do Deus Criador e uniam-se aos corpos como prisioneiras, por meio de uma substância fluídica, oriunda da vida universal, que constituía a vida do próprio ser (períspírito).

Após a morte, as almas piedosas habitariam esferas felizes, enquanto as ímpias eram relegadas a regiões infernais.

O Redentor

Como se vê, difundiam ensinamentos concordantes com a tradição espiritual que vinha de milênios e em muito pouco diferiam daquilo que se ensina hoje nas comunidades espiritualistas.

É sabido que João Batista era essênio, como essênio eram José de Arimateia, Nicodemo, a família de Jesus e inúmeros outros que na vida do Mestre desempenharam papéis relevantes, como também o próprio Jesus que conviveu com essa seita, frequentando assiduamente seus mosteiros, enterrados nas montanhas palestinas, onde sempre encontrava ambiente espiritualizado e puro, apto a lhe fornecer as energias de que carecia nos primeiros tempos da preparação para o desempenho de sua transcendente missão.

Mas observe-se que os evangelistas e os apóstolos em geral, como também Jesus, Ele mesmo que, frequentemente, se referia a escribas e fariseus, todos guardaram silêncio a respeito dos essênios, não somente sobre fatos, episódios, circunstâncias quaisquer em que estivessem presentes, participando, mas nem mesmo sobre a existência deles; mas isso se explica porque, sabendo que a comunidade dos essênios merecia a hostilidade do clero judaico, que a considerava herética e rebelde, queriam evitar que sobre ela se desencadeassem maiores perseguições.

Após a morte no Calvário e no decorrer das primeiras décadas, além do trabalho dos apóstolos, foi em grande parte com base nos mosteiros essênios, nas suas organizações assistenciais e no concurso diário e ininterrupto dos Terapeutas, que o cristianismo se difundiu mais rapidamente na Palestina; e, enquanto cooperaram nessa difusão, a comunidade essênia foi se integrando no cristianismo, extinguindo gradativamente suas próprias atividades, o que se completou com o extermínio da nação judaica no ano 117 a.D.

Assim como haviam apoiado anteriormente os Nazarenos e os Ebionitas[22], a última atitude pública tomada pelos essênios teve lugar no ano 105, reconhecendo o profeta Elxai, como chefe. Depois, correndo o tempo, veio a elevação do suposto messias Bar Cocheba, a revolta geral contra os romanos e a exterminação do povo judaico em toda a Palestina e em outras províncias romanas.

---

[22] Significa pobre, desvalido.

Os documentos contendo suas tradições religiosas, elaboradas desde início, ainda ao tempo de Moisés, e conservados por seu discípulo Essen, ao declarar-se a revolta final do povo judeu, foram escondidos em grutas e lugares secretos das montanhas, alguns deles estando sendo agora descobertos nesses lugares, junto ao Mar Morto.[23]

Composição dos fragmentos do Antigo Testamento encontrados na região do Mar Morto. (Reprodução do livro *E a Bíblia Tinha Razão*, de Werner Kefler.)

---

[23] Alguns destes comentários têm base em obras citadas ao fim do livro, na bibliografia, sobretudo em Regla o qual, a seu turno, obteve informações, em parte, de essênios, que ainda existiam na Ásia Menor, no século passado; em parte em Flávio Josefo, o historiador judeu agregado ao Estado Maior de Tito Vespasiano, que assistiu a destruição de Jerusalém no ano 70; nascido 4 anos após a morte de Jesus, este autor assegura que a influência maior dos essênios era no norte da Palestina e nas imediações do Mar Morto. Além destas fontes, pode-se ainda citar Fílon de Alexandria, contemporâneo dos acontecimentos, e Justus de Tiberíades, todos judeus respeitados e reputados autores.

Capítulo 14

COSTUMES DA ÉPOCA

Todos os pátios do grande Templo sempre regurgitavam de gente e, no meio da turba, circulavam os sacerdotes menores, vestidos de branco, os levitas e demais auxiliares do Templo, descalços, silenciosos, e atentos à rigorosa disciplina a que estavam sujeitos.

As horas da noite eram cantadas por sacerdotes especiais que, para cada uma, entoavam melodia diferente e a guarda se revezava rigorosamente nos períodos determinados.

Havia três categorias de sacerdotes com atribuições especiais: o sumo-sacerdote, os sacerdotes de graus maiores e os sacerdotes menores, encarregados, mais especialmente, dos serviços internos, que se subordinavam diretamente ao sgan (diretor) do Templo.

Além disso havia ainda os trombeteiros, os supervisores do serviço interno, os acendedores de lâmpadas, as tecedeiras, os sacrificadores, os fiscais dos sacrifícios, os inúmeros acólitos e auxiliares do complicado cerimonial; enfim, um exército de servidores que vivia no Templo e do Templo, todos diretamente subordinados ao referido sgan, a seu turno diretamente subordinado ao poderoso sumo-sacerdote.

Os sacerdotes mercadejavam com muitas coisas: animais (bois, carneiros, pombos) destinados aos holocaustos; perfumes, óleos, arômatas, utilizados nas cerimônias de purificação; moedas estrangeiras trazidas pelos peregrinos e negociantes, em permuta com moeda nacional. Cobravam os tributos devidos ao Templo, tanto em dinheiro como em espécies, pois os israelitas eram obrigados a pagar dízimos, bem como entregar parte da primeira colheita de suas plantações e a primeira cabeça do gado de seus rebanhos.

Edgard Armond

Negociavam ainda com a carne dos animais sacrificados, bem como com o seu sangue, que corria para os fundos do Templo em canalizações apropriadas.

O holocausto ritual dependia do ato que se celebrava; no caso, por exemplo, da purificação das mulheres, por parto (30 dias após, sendo menino e 60 dias, sendo menina), o sacerdote tomava as vítimas do sacrifício (cabritos ou pombos, segundo os recursos da família), abria-lhes o pescoço e aspergia o altar com o sangue, enquanto jogava uma parte sobre o braseiro, para que a fumaça subisse ao Deus. Este holocausto se denominava "oferta queimada". Se o holocausto era de expiação ou de ação de graças, o sacerdote tomava uma das aves e a arrojava viva ao braseiro.

A farinha para o pão ritual, as ervas para os arômatas, o incenso, os óleos, o linho para as vestes do sacerdote e tudo o mais de uso deles, era considerado como sagrado e só podia ser fornecido pelos sumo-sacerdotes, para o que o Templo mantivesse fabricações próprias sempre que possível.

Os judeus usavam e abusavam de perfumes e no próprio Templo havia alambique para a fabricação. Magdalena, a hetaira famosa, que se transformou, mais tarde, em devotada e fervorosa discípula de Jesus, no tempo em que morava em Jerusalém, possuía no seu horto do Jardim das Oliveiras, uma fábrica de essências e óleos perfumados, para uso de sua casa e seus inúmeros admiradores.

Todos os dízimos, oferendas, donativos, vendas de produtos consumidos nos holocaustos, inclusive os de carne e sangue para adubo, redundavam em benefício da classe sacerdotal elevada, enquanto os sacerdotes menores arcavam com todo o peso dos serviços, vivendo dificultosamente ou de propinas mesquinhas.

Os sacerdotes declaravam imundos os produtos dos mercadores e camponeses que deixavam de pagar os tributos devidos ao Templo, os quais ficavam excomungados e, deles, por medo, se afastavam os compradores.

Nos dias de Páscoa e outras festas nacionais, quando a cidade regurgitava de peregrinos vindos de todas as partes do mundo então conhecido onde havia colônias judaicas, e de mercadores estrangei-

O Redentor

ros, que para ali acorriam a negócios, a cidade transformava-se em um colossal mercado, do qual o Templo era o centro mais movimentado pelo vulto e complexidade dos interesses a ele vinculados.

Ao redor do Templo e em seus pátios enxameavam os cambistas e os escribas[24], com penas de ganso presas atrás das orelhas, sentados às suas mesinhas baixas, vendendo escrita e pequenos rolos de papiros com transcrições das Escrituras, que usavam nos braços e, na testa, bolsinhas de couro contendo o "schema" (capítulos da Tora).

O Templo regurgitava de mesas, guichês, repartições na forma de tabiques e balcões, destinados a essas transações e recebimento de donativos, bem como de gente que entrava e saía, rebanhos de animais que chegavam para serem vendidos, ao mesmo tempo em que outros eram transportados para junto do Altar dos Sacrifícios, no Pátio dos Levitas.

Em repartições próprias eram recebidas as dádivas espontâneas em dinheiro, para custeio de órfãos, alvarás para 24 sacrifícios, como também havia celas denominadas de "caridade silenciosa e cega" que não possuíam funcionários atendentes, sendo os donativos jogados para dentro do balcão, por serem da classe daqueles que o Templo recusava, por impróprios ou insuficientes.

Reinava em todo o Templo verdadeiro tumulto e um estridor contínuo, misturado de vozes humanas, lamentações, mugidos de animais, campainhas, disputas intermináveis de negócios e interpretações religiosas, coro e recitações de salmos, exposições de matéria religiosa pelos rabis mais populares no Pátio dos Gentios e outros rumores, enquanto sacerdotes hábeis e ligeiros, com seus aventais de couro, empastados de sangue, empunhando cutelos e macetes, abatiam uns após outros, os animais que vinham sendo trazidos para os holocaustos.

Ambição, cobiça, prepotência, mistificação religiosa, tudo estava ali representado em larga escala, oferecendo, do clero judeu, uma impressionante, porém desoladora impressão.

---

[24] Classe de funcionários criada na corte do rei Davi e do rei Salomão, destinados a anotar os anais do Reino e servir de secretários do rei.

Capítulo 15

JESUS E OS ESSÊNIOS

Há no Evangelho uma lacuna histórica, um profundo silêncio sobre os fatos da vida de Jesus, no período que vai dos doze, quando fez sua primeira peregrinação a Jerusalém, aos trinta anos, quando iniciou sua pregação pública.

A tradição consigna sua presença em alguns lugares fora da Palestina como, por exemplo, no Egito e na Índia, onde teria pregado contra o regime de castas, sob o nome de Profeta Issa; entretanto, não há documentação idônea que confirme tais notícias.

O mesmo não sucede, porém, quanto aos essênios, havendo inúmeras comprovações de sua estada nos santuários dessa comunidade, e obras de caráter mediúnico também confirmam tais referências.

Compreendemos que o Divino Mestre, apesar de ser um Messias, ungido do Alto, para o desempenho na Terra de uma missão de redenção humana, ficou em parte sujeito às leis físicas reinantes no planeta, como também aos costumes e regras sociais do país onde nasceu. Tendo ele todo o poder e sendo servido por legiões de Espíritos auxiliares, todavia, sujeitou-se a afrontas, calúnias e hostilidades, deixando-se até mesmo torturar e crucificar pelos homens bárbaros do seu tempo, embora sabendo ser a crucificação uma morte infamante.

Sujeitou-se, pois às contingências do meio e seu Espírito, somente aos poucos, através da infância e da juventude, foi se integrando na sua missão divina, e nessa fase delicada naturalmente que necessitaria de ambientes favoráveis, suficientemente espiri-

O Redentor

tualizados, correntes poderosas e puras de sentimentos, afinidades vibratórias, ao contato das quais seu poderoso Espírito se fosse abrindo, com segurança e tranquilidade, para o mundo grosseiro e bárbaro que o rodeava, preparando-se assim, para a gloriosa tarefa.

Não foi preciso que se o protegesse contra Herodes? Também era preciso que se o protegesse contra o mundo ambiente. Pois esse ambiente, essa proteção espiritual, que não encontrou nem mesmo no seio de sua família, não por carência de amor, mas de compreensão, foram-Lhe fornecidos pelos essênios, nos seus santuários das montanhas e pela poderosa corrente espiritual que formavam através de todo o país. Os essênios, que desde a morte de Moisés se organizaram e vinham se preparando para essa tarefa de apoio, após ela, declinaram em suas atividades até a extinção anos depois, porque sabiam que essa encarnação messiânica na Palestina seria a última de sua grandiosa série no atual período cósmico.

Afora os primeiros tempos de Nazaré, a juventude de Jesus transcorreu normalmente em sua casa até a morte de José, que se deu no ano 23 quando, então, assumiu a responsabilidade de sustentação do lar no trabalho da carpintaria. Nesse período fazia frequentes visitas aos santuários essênios do Monte Carmelo e do Monte Tabor, mais ou menos próximos de Nazaré; do Monte Hermon, na Fenícia, e dos Montes Moab e Nebo, na Judeia.

Nesses santuários, sua delicada sensibilidade foi resguardada e pôde ele desenvolver aos poucos sua extraordinária capacidade espiritual que, muito antes do início de sua vida pública, já utilizava como força irresistível do seu grande amor pelos homens.

Capítulo 16

O PRECURSOR

Que circunstâncias influíram para o início da vida pública de Jesus? Para responder, devemos recuar no tempo e assistir ao nascimento de João Batista.

João nascera seis meses antes de Jesus e era filho de Zacarias e Izabel, prima de Maria e, portanto, parente de Jesus.

O rei Davi, ao seu tempo, repartira o serviço sacerdotal entre 24 famílias escolhidas, que se revezavam semanalmente no serviço do Templo móvel e, um ano antes do nascimento de Jesus, tocara o serviço à 8ª família, a de Abias, da qual descendia o sacerdote Zacarias.

Moravam na aldeia de Karen, a 7 quilômetros de Jerusalém e, ao tempo, eram bastante velhos e não possuíam filhos. Mas no dia em que tocou a Zacarias oferecer os sacrifícios no Altar dos Perfumes dentro do "Santo", tomou ele as brasas rituais, derramou-as sobre o altar e, seguindo o rito, quando as trombetas soaram no adro, verteu sobre as brasas os perfumes e prosternou-se, enquanto os levitas e a multidão cantavam o salmo da vinda do Messias. Mas, quando se levantou, viu à sua frente um Espírito angélico, e enquanto dominava, a custo, o seu assombro, ouviu que o anjo dizia que "lhe nasceria um filho que seria grande aos olhos do Senhor, animado do Espírito de Elias e precursor daquele que estava para vir".

O termo "animado do Espírito de Elias" dá bem a entender a lei da Reencarnação visto que João foi, de fato, uma reencarnação de Elias, conforme as profecias já haviam anunciado antes.

O Redentor

Espantado com a aparição e duvidando do que via, Zacarias externou sua estranheza, considerando sua avançada velhice e isso levou o Espírito a declarar que ele ficaria mudo e surdo pela sua falta de fé, até que o menino nascesse.[25]

Havendo, logo depois, morrido Izabel e Zacarias, João ficou órfão e foi levado, então, pelos essênios (a cuja comunidade o sacerdote e sua mulher pertenciam) para o Mosteiro do Monte Hermon, na Fenícia, para que se cumprissem também as profecias e a "voz clamante", a que elas se referiam, viesse mesmo do deserto e onde, assim como também o fazia Jesus, durante 27 anos preparou-se para sua tarefa, aguardando a hora de começá-la.

E quando esta chegou, as Inteligências Espirituais que custodiavam a excelsa entidade encarnada, Jesus, deram ordem a João para que descesse para as margens do Alto Jordão, iniciasse o batismo da purificação (um dos ritos essênios) e anunciasse ao mundo a presença do Messias esperado.

A esse tempo tudo estava favorável ao advento: os romanos já haviam transformado a orgulhosa e rica Israel em simples colônia; suas legiões aguerridas ocupavam todo o território nacional e seus funcionários tinham em mãos os postos administrativos de maior importância.

Os invasores, regularmente e com o máximo rigor, coletavam para Roma pesados impostos, e a própria classe privilegiada dos sacerdotes em muitos pontos estava sujeita, também, aos conquistadores da Nação.

Para os romanos os judeus eram um povo atrasado, bárbaro, dominado por insuportável fanatismo religioso. Com os saduceus — que eram céticos — ainda se entendiam de alguma forma mas, em relação aos fariseus, que eram maioria, um abismo de ódio e revolta ia-se aprofundando cada vez mais entre ambas as partes.

---

[25] Realmente, no dia do nascimento de João, ao cogitar a família sobre o nome a ser-lhe dado, o velho sacerdote repentinamente recuperou a fala e determinou que se lhe desse o nome de Jochanan.

Edgard Armond

Em toda a Palestina, nessa época, os judeus se voltavam, cheios de ânsia e desespero, para o Messias prometido. Já tinha havido a conjunção planetária indicial e o Esperado, no caso de ter nascido, já deveria ser um homem adulto, pronto para assumir sua magnífica tarefa libertadora. E a pergunta insistente era proferida em todas e quaisquer circunstâncias: por que então Ele não aparecia? Por que não empunhava o cetro de comando e expulsava o invasor, libertando Israel?

"O povo estava à espera desse grande acontecimento", diz Lucas, e, quando a hora chegou, como a tempestade prestes a desencadear-se sobre a terra envolta em ódio, o trovão rolou do deserto, bramindo: "fazei penitência... que o machado já está posto à raiz das árvores". E as trevas se iluminaram de claridades novas, trazendo às almas multiplicadas esperanças quando a "voz clamante do deserto" acrescentava: "preparai os caminhos do Senhor, aplanai os caminhos... que o reino dos céus está próximo".

As Escrituras diziam que o Messias seria precedido de Elias, o grande profeta da antiguidade, o qual o ungiria e o consagraria. Ora, João, como o próprio Jesus confirmou, era a reencarnação de Elias e, assim sendo, as profecias estavam então recebendo integral cumprimento.

Havia quatro séculos que em Israel não aparecia profeta algum. A Divindade guardava silêncio e o povo, atemorizado e supersticioso, se voltava, cada vez com mais ânsias, para as esperanças do Messias.

Quando, pois, João Batista, que ninguém conhecia, desceu para o rio Jordão, lá ao norte, e começou a pregar, o povo acudiu pressuroso e alvoroçado, disposto a ouvir sua mensagem e cumprir à risca suas recomendações. Seus trajes sumários, seu físico agigantado e esquelético, sua aparência austera mas, sobretudo, suas palavras terríveis e seus olhos chamejantes, produziam enorme impressão.

Falava do Messias com grande segurança, dando a entender claramente que Ele já estava presente e isso, por si só, bastava para incendiar as imaginações e acelerar os corações; por outro lado, como essênio que era, não pregava contra a Tora, limitando-se a exigir pureza e arrependimento.

O Redentor

Como falava muito de fogo dizendo: "Eu batizo com água, mas Ele batizará com fogo (referindo-se ao Messias); alimpará a eira, recolherá o trigo ao celeiro e queimará a palha, num fogo que nunca se apaga; cortará a árvore estéril e a lançará ao fogo", pensaram que ele era Elias — o profeta que fora arrebatado ao céu em um carro de fogo — o que, então, queria dizer que o dia terrível da vinda do Messias tinha chegado. Por isso o alvoroço cresceu.

E com sua voz poderosa, os olhos encovados fixos na multidão, João repetia trechos proféticos do Livro de Enoque, a respeito do Messias que diziam: "Escolhido Ele foi e oculto de Deus, antes da criação do mundo. Antes que o sol e os sinais celestes fossem criados, seu nome já tinha sido pronunciado pelo Senhor". E rematava, elevando os braços numa atitude dramática: "O Filho do Homem, a quem vedes, despoja de seus tronos os reis; manda-os para as trevas; entrega-os aos vermes".

Outros pensavam que ele era o próprio Messias e ficavam aterrorizados com sua figura estranha e impressionante, mas ele dizia bem alto, para que todos ouvissem: — "Eu não sou o Messias, não sou digno de desatar as correias de suas sandálias". E João sabia o que dizia, porque já conhecia Jesus, de encontros que tiveram há algum tempo, no santuário essênio de onde viera.

E assim, batizando e pregando a penitência dos pecados e exortando o povo a purificar seus sentimentos, ia o profeta terrível descendo o rio, do norte para o sul, até que parou em Betabara, no deserto da Judeia, à margem ocidental do Mar Morto; e ali, como em outros lugares por onde passara, formou-se logo um acampamento para abrigar as multidões que não cessavam de chegar diariamente para vê-lo e ouvi-lo, devido ao crescente prestígio que já adquirira em toda a Palestina.

João, em suas pregações, demonstrava indômita coragem profligando a ação dos fariseus e suas corrupções, aos saduceus o seu ceticismo e aos escribas seu espírito de vergonhoso mercantilismo. Pregava quase abertamente a revolta contra a situação reinante; a vida austera que levava, nutrindo-se de mel silvestre, bolotas de

Edgard Armond

árvores (gafanhotos) e raízes vegetais, isso impressionava grandemente o povo. Usava as abluções essênias na forma de batismo, mergulhando as pessoas nas águas do rio, após promessa firme de arrependimento de erros passados e compromisso de vida mais reta e perfeita daí por diante, em honra ao Messias.

Para o historiador Flávio Josefo, já citado, "João Batista era um homem justo, de grande piedade, que exortava os judeus a abraçarem as virtudes, a exercerem a justiça e a receberem o batismo, tornando-se assim agradáveis a Deus".

Ele afirmava que João era o cabeça de um partido considerável, cujos membros eram inteiramente devotados às suas ordens e que movimentava essas forças contra a dominação romana e contra Herodes Antipas.

A arrebatadora eloquência de João realmente arrastava após si, dia por dia, multidões consideráveis e em breve sua fama se espalhou por toda a nação e regiões vizinhas. Pregava abertamente contra os romanos, os reis corruptos e o clero, sendo natural que, do ponto de vista político, fosse considerado por Josefo um revolucionário.

Esse foi, segundo o mesmo historiador, o principal motivo que levou Herodes a mandar prender João: o prestígio popular que já adquirira representava realmente poder político, podendo ele, se o desejasse, levantar as massas do povo e lançá-las em qualquer direção.

Capítulo 17

O INÍCIO DA TAREFA PÚBLICA

A aproximação de João e sua parada em Betabara era o sinal para Jesus de que sua hora também chegara e, por isso, abandonou sua casa de Nazaré e partiu ao encontro do Precursor.

Numa tarde em que o Batizador, cansado dos labores do dia, se assentara sobre uma pedra alta junto à Casa do Passador (funcionário que dirigia a balsa de passagem), de onde olhava ansiosamente a multidão que continuava a afluir ao rio para ser batizada, Jesus se aproximou e João imediatamente o reconheceu.

Segundo as regras que seguia, João antes de imergir os batizandos na água do rio tinha com eles uma conversa coletiva durante a qual, como já explicamos, esclarecia-os a respeito daquele ato místico e simbólico que, para eles, representava a entrada na legião dos destinados à redenção, com o compromisso de arrependimento dos erros do passado e de radical mudança de sentimentos e atitudes no futuro.[26]

João fazia-lhes um sermão sobre os erros, as inferioridades da conduta moral e as vantagens da purificação e advertia-os sobre a inutilidade do ato se não houvesse a intenção íntima da reforma moral; o batismo só teria valor se a intenção fosse transformada em atos.

---

[26] Os essênios usavam o batismo, mas só o davam àqueles que haviam passado por severas provas que os habilitavam ao ingresso na comunidade.

Edgard Armond

Somente após isso é que fazia a imersão das pessoas na água do rio, primeiramente os homens e depois as mulheres, em separado. A imersão, não se cansava ele de repetir, significava para o Espírito culpado limpeza das impurezas, dos defeitos e alívio das fadigas da alma. O compromisso era prestado no sentido de o indivíduo melhorar-se espiritualmente, perdoar as ofensas recebidas, fugir do mal e desviar-se do passado criminoso.

Seu trabalho era árduo e por vezes perturbado por disputas de caráter religioso, que se levantavam no meio da turba, onde havia sempre espiões do Sinédrio, que queriam saber das intenções verdadeiras do profeta.

Diariamente surgiam no país pregadores e rabis vindos de muitas partes, cada qual pregando a Lei de Moisés a seu modo e alguns de forma verdadeiramente inconveniente para os interesses do clero e, por isso, o Sinédrio, sempre os vigiava de perto; a uns advertia, a outros mandava prender e outros, ainda, eram mortos ou consumidos.

Quando João apareceu, dado o efeito enorme que produziu na multidão, o Sinédrio se apressou em mantê-lo debaixo de vistas, fazendo seguir seus passos e analisar cuidadosamente suas pregações.

Naquele dia já fora ele interrogado insidiosamente por alguns levitas enviados do Templo, que queriam saber quem ele era e que autoridade tinha para falar sobre a vinda do Messias, daquela forma peremptória que utilizava; ele mais de uma vez lhes havia respondido que era simplesmente uma voz que anunciava a sua vinda, e quando lhe perguntavam com que autoridade batizava o povo em nome do Messias, respondia que fazia isso por sua própria conta, na sua qualidade de rabi de Israel que realmente o era; e com o dedo indicava-lhes as franjas da túnica depositada no chão, ao lado.

Quando, pois, Jesus chegou e disse que vinha ali para ser batizado, João retrucou que ele é quem deveria ser batizado por Jesus; mas Jesus então explicou que era preciso que assim fosse, para que as Escrituras recebessem integral cumprimento. Dito isso entrou no rio e João então derramou sobre ele a água purificadora.

Naquele momento, muitos entre o povo e discípulos de João, ali presentes, viram que o rio resplandeceu de luzes, que as som-

O Redentor

bras do crepúsculo enalteciam, e os céus se abriram e uma entidade espiritual, na forma de uma pomba, desceu sobre Jesus, enquanto uma voz se fazia ouvir dizendo: "Este é meu filho amado em quem me comprazo".

Alguns dos Evangelhos apócrifos a saber: o dos Ebionitas; o dos Hebreus; O Código Vercelense; As Reminiscências dos Apóstolos e o Código Cantabrigense, do ano 150, narram o acontecimento de forma diferente e dizem que a voz que soou no espaço clamara: "Tu és meu Filho bem amado, eu te gerei hoje". Esta é a versão de Davi (livro dos Salmos 2:7), de Paulo e dos que asseveram que Jesus recebeu ali, naquele instante, o espírito do Cristo Planetário.

Seja como for, percebe-se que Jesus, naquele instante — o Filho do Homem, isto é, o que evoluíra pelas encarnações humanas, o Governador Planetário, em perfeita sintonia com o Cristo Planetário — reintegrou-se em todo o poder do **Espírito Crístico**, da esfera dos Amadores, tornando-se integralmente apto para a realização de sua sacrificial tarefa na Terra.

Capítulo 18

OS PRIMEIROS DISCÍPULOS

Abandonando as margens do rio, Jesus recolheu-se ao santuário de Moab e seis semanas depois voltou a Betabara e, à sua aproximação, o profeta, que ali permanecia com seus discípulos atendendo ao povo, exclamou, apontando-O: "Eis o cordeiro de Deus que tira os pecados do mundo"; e então dois de seus discípulos, João e André, movidos por irresistível impulso, seguiram a Jesus e, após o devido entendimento, foram aceitos, tornando-se seus primeiros discípulos, aos quais logo depois agregou-se Simão, filho de Jonas, todos galileus.

No dia seguinte partiram para a Galileia, após despedirem-se do profeta que, aliás, ali estariam vendo pela última vez, na Terra, devendo ele daí por diante, como afirmou a seus discípulos, ir-se diminuindo até a morte, para que o Messias crescesse e desenvolvesse livremente a sua tarefa de redenção.

Em caminho encontraram-se com Filipe, que o Mestre também chamou e assim chegaram à casa da sogra de Simão, em Betsaida, junto ao Kineret, onde se hospedaram, voltando em seguida a Nazaré.

No dia seguinte, Filipe foi a Caná, cidadezinha perto de Nazaré, visitar um amigo chamado Natanael e, sentados debaixo de uma grande figueira, ao fundo da casa, contou-lhe que se tornara discípulo do Messias esperado, Jesus de Nazaré, ao que Natanael contestou com o refrão conhecido: "poderá vir alguma

O Redentor

coisa boa de Nazaré?". Mas à insistência do amigo foram juntos até Jesus e Natanael é também recebido e incorporado ao grupo dos primeiros discípulos.

Dias depois foram todos a Caná e compareceram a uma festa de bodas, de parentes afastados de Maria, a Mãe de Jesus, que assim quis honrá-los e ajudá-los, porque eram pobres e onde, como narra o Evangelho, a seu pedido, Jesus realizou seu primeiro "milagre" público, convertendo água em vinho. Quando sua Mãe pediu-lhe para intervir, porque faltava vinho, Ele primeiramente lhe respondeu "que sua hora ainda não tinha chegado" mas para satisfazê-la, interveio da forma conhecida.[27]

Aos poucos foi-se completando o quadro dos discípulos até por fazer o número de doze que, aliás, correspondia ao número das tribos de Israel. Foram eles, além dos já citados, os seguintes: Tiago (o maior), Mateus, Tomé, Tiago (o menor), Simão (o Zelote), Judas Tadeu e Judas de Kerioth.

A estes primeiros discípulos muitos outros se agregaram no decorrer das pregações, atingindo até o número de setenta e dois, porém, quando a tarefa tomou aspecto difícil, tornando-se trabalhosa e até mesmo perigosa, pela onda de hostilidades e ameaças que se acumularam contra Jesus e, também, por não compreenderem ou não concordarem com a doutrina que pregava, muitos se afastaram e, por fim, somente permaneceram junto d'Ele os doze primitivos. Numa determinada ocasião, ao verificar tal fato, Jesus perguntou aos discípulos citados se também não desejavam partir, ao que eles responderam: "para onde iremos, se somente Tu tens as palavras da vida eterna?". Destes doze, nos últimos dias, Judas de Kerioth também o abandonou e, após a crucificação, foi substituído por Matias, pela sorte.

---

[27] As festas de casamento, comumente, duravam dias e todos, além de parentes e convidados, podiam entrar, comer e beber, enquanto houvesse.

Capítulo 19

VOLTA A JERUSALÉM

Estava-se no ano 31, Jesus, após o "milagre" de Caná achavase em Cafarnaum, cidade importante, pouco distante, situada às margens do lago Tiberíades também chamado Genezaré ou Mar do Jardim dos Príncipes, localizado em vale paradisíaco, rodeado de jardins e pomares perfumados. O lago tinha 21 quilômetros de comprimento, 12 de largura (em seus extremos) e 170 quilômetros quadrados de superfície, e estava 200 metros abaixo do nível do Mediterrâneo.

Como a Páscoa anual se aproximava, Jesus resolveu peregrinar com seus discípulos até Jerusalém. Seguiram o curso do Baixo Jordão, deixando a Samaria à direita, e ao atingirem o Monte das Oliveiras, deparou ele novamente com a cidade sagrada e seu majestoso Templo, de rutilantes cúpulas de ouro.

Chegando à cidade, cheia de gente e de rumores os mais diversos, Jesus e sua comitiva dirigiram-se diretamente ao Templo, onde iniciou suas pregações de costume, no Pátio dos Gentios, até onde podiam entrar israelitas e estrangeiros, crentes ou não no Deus Jeová. Já ali estivera há vários anos, acompanhando as peregrinações da família, mas esta era a primeira vez que o fazia como rabi de Israel, acompanhado de seus discípulos e já em plena responsabilidade e consciência de sua tarefa religiosa. Antes mesmo que começasse a falar ao povo, foi ferido na sua sensibilidade pelo enorme alarido que vinha dos fundos do Templo e do Pátio dos Levitas, onde estava em pleno funcionamento o serviço sacrificial

O Redentor

de holocaustos. Imagine-se, pois, Jesus, o Senhor da Paz, da compaixão e do amor extremado a todos os seres, a expressão viva da retidão, doçura, pureza, penetrando naquele ambiente e deparando com semelhante espetáculo!

Como deveria ter sido ferida sua extraordinária sensibilidade espiritual ao contato daqueles sentimentos bárbaros, daquelas vibrações negativas e venenosas!

Assim se justificaria a passagem do Evangelho pela qual Ele pediu a seus discípulos uma corda, agitou-a no ar e expulsou dali todos os traficantes. Se tal realmente aconteceu, é pouco de crer, porque a hierarquia espiritual de Jesus sobrepairava muito acima de qualquer violência, e também porque Ele possuía força espiritual necessária para agir sobre aqueles homens por muitos meios, como o fazia com leprosos, cegos e paralíticos. Mas se realmente aconteceu, compreende-se que atrás do látego estariam as tremendas vibrações do seu poderoso Espírito e a força concentrada de todos os agentes do mundo invisível ligados à sua tarefa planetária, sempre prontos a obedecer às suas vontades; e ali estaria também o prestígio quase místico de que gozavam todos os profetas e rabis.

Enfrentando, assim, os costumes e ferindo a classe sacerdotal no seu ponto mais vulnerável — a dos interesses materiais — é claro que Jesus estaria acumulando sobre sua cabeça tempestades que não tardariam a se desencadear. Mas tal era o escândalo das contravenções sacerdotais à própria Lei de Moisés, e tão poderosa a força moral que naturalmente se irradiaria do Divino Mestre, que os sacerdotes, segundo narra o Evangelho, não revidaram também com violência, usando dos recursos materiais que tinham ao seu dispor, limitando-se a perguntar: "que sinal fazes Tu para mostrar que tendes autoridade para agir como estás agindo?" ao que Jesus teria respondido dizendo: "destruí este Templo e eu o levantarei em três dias"; coisa também difícil de se crer, porque não se pode conceber um Espírito da envergadura moral do Mestre a utilizar estes termos, como ameaça ou bravata próprias de homens comuns.

O Evangelista João diz que o Mestre estava se referindo ao Templo do seu próprio corpo, que ao fim de três dias ressuscitaria, como de fato ressuscitou, dando assim a entender — caso isso não

83

seja uma das inúmeras interpolações acrescentadas ao Evangelho, quando da organização da Vulgata — que também ele, João, não aceitava a possibilidade de Jesus usar de violência.

Não se deve, entretanto, negar, da parte de Jesus, a posse de poderes mais que suficientes para qualquer reconstrução de edifícios na Terra da qual Ele, seu Governador Espiritual, fora o organizador no início de sua formação, no Espaço.

Capítulo 20

AS ESCOLAS RABÍNICAS

Já vimos, pela exposição anterior, que os verdadeiros condutores do povo eram os rabis, pertencentes a diferentes "Escolas" ou partidos, em sua maioria filiados à Escola de Hillel, o mais famoso e autorizado líder fariseu. De outra parte, essa escola era a mais ortodoxa, mais arraigada à letra da Lei, corporificada na Tora e, de certa forma, a mais aproximada dos ensinamentos pregados por Jesus, que não hostilizava a Tora, limitando-se a mostrar onde estava a verdade.

Os rabis mais afamados tinham maior número de discípulos e às suas escolas eram entregues os rapazes das melhores famílias para se educarem e aprenderem uma profissão. Era muito respeitado o refrão popular que dizia: "aquele que não ensina uma profissão a seu filho, prepara-o para salteador de estrada".

Quando se tratava de algum sábio de renome como, por exemplo, Gamaliel (discípulo de Hillel), Nicodemo, Ben Zakai, Schamai e outros poucos, havia grande empenho em se conseguir um lugar em suas casas para os moços judeus dessas famílias importantes.

Os discípulos viviam em casa dos rabis, servindo-os pessoalmente e ajudando nos trabalhos domésticos, ao mesmo tempo que se instruíam; operavam em rodízio e acompanhavam-nos às cerimônias de culto, ou de vida pública, não só para honrá-los, como para se instruírem.

Edgard Armond

Os conhecimentos transmitidos a esses discípulos eram amplos e abrangiam as regras e normas ditadas pela ciência daquela época, além da parte religiosa propriamente dita que, em geral, se resumia na Tora.

Compreendiam a História de Israel, seus costumes e legislação: botânica, para obterem conhecimentos sobre as ervas necessárias à manipulação de perfumes e remédios; medicina, para intervenção nos casos de emergência, e conselhos ao povo para a cura de moléstias em geral; agricultura, para poderem ensinar aos camponeses o que mais convinha, o que mais se exigia sobre plantações, cruzamentos, etc.; higiene, visando, principalmente, às regras sobre pureza e impureza; legislação civil em vigor, para esclarecerem o povo sobre o que era legal e ilegal; sobre alimentação, vestuário, palavras, gestos adequados ou não; e normas de conduta, visando as relações sociais; astronomia, para a marcação de datas de festividades nacionais e tudo o mais que se incluía, também, nos limites da autoridade e da jurisdição dos hazans das sinagogas.

Na parte religiosa, estudavam a fundo a Tora e todos os livros concernentes ao culto e às concepções religiosas nacionais, inclusive as profecias e os salmos; enfim, tudo o quanto era conhecido e oficializado em relação à ciência e à religião judaica, a primeira religião monoteísta do mundo, com Jeová como deus único.

Capítulo 21

NICODEMO BEN NICODEMO

Nicodemo, o único rabi de maior projeção, que defendeu Jesus em várias oportunidades e que melhor compreendeu sua qualidade de Messias Planetário, apesar de sacerdote de segundo grau, era um dos rabis mais afamados de Jerusalém.

Conquanto seguisse fielmente as ordenações da Tora, era um Espírito de evolução mais avançada, motivo pelo qual foi citado pessoalmente no Evangelho de João; e interessava-se vivamente pelos acontecimentos religiosos e sociais de sua pátria, mormente no que se referia à vinda tão esperada do Messias nacional.

Além de rabi fariseu, Nicodemo era membro do Sinédrio, órgão político do Colégio Sacerdotal que funcionava como poder legislativo na organização político-judaica, acumulando também as funções de Tribunal Superior, e era composto, em sua maioria, de saduceus, a cuja frente, naquela época, estava a poderosa família de Hanan; era também Nicodemo presidente da sinagoga e da congregação dos cirineus, o que lhe conferia prestígio muito maior no senado-tribunal.

Entre os discípulos de Nicodemo estava Judas de Kerioth, aluno brilhante, porém fanático e de alma mística, sujeito a transes e outras perturbações psíquicas, como, aliás, também ocorria com Paulo de Tarso.

Assim que o Batista surgiu no Alto Jordão, anunciando o Messias, Judas foi enviado por Nicodemo para examinar os acon-

Edgard Armond

tecimentos, ouvir opiniões, inteirar-se da verdade e dar parecer sobre o profeta, pessoalmente. Cumprindo sua missão, Judas passou vários dias à roda de João, ouvindo e vendo, sondando a opinião dos escribas e fariseus porventura presentes; mas, quando o profeta ungiu Jesus com o batismo, apontando-o em seguida, com o braço estendido e dizendo aos discípulos e ao povo ali reunido: "Eis o Cordeiro de Deus, que tira os pecados do mundo" e o consagrou como o Messias esperado, dizendo não ser digno de nem mesmo amarrar o cordão de sua sandália, Judas seguiu o Mestre e conseguiu ver-se aceito no rol dos seus discípulos.

Era dos mais entusiastas e devotados à pessoa de Jesus e constantemente informava Nicodemo sobre tudo o quanto se passava.

Por estas informações e outras, obtidas de inúmeras fontes, Nicodemo desde logo compreendeu que aquele rabi galileu não era igual aos outros que conhecia, nem mesmo aos mais renomados; tinha conhecimentos muito acima dos vulgares e possuía poderes psíquicos extraordinários. Assim, pois, quando Jesus veio a Jerusalém nessa segunda viagem, já como rabi, Nicodemo esforçou-se em conseguir uma entrevista com Ele, não só para conhecê-lo pessoalmente, como para formar juízo correto e seguro sobre a doutrina que pregava e sobretudo para esclarecer-se a respeito de sua propalada investidura messiânica, feita pelo Batista e que, no momento, era o problema de maior importância e atualidade em toda a nação judaica.

O Evangelho não diz onde tal entrevista realizou-se, havendo diversas versões e suposições, porém, em geral, todos concordam que Nicodemo foi levado à presença de Jesus, a uma casa pobre, junto à Muralha de Davi, na cidade baixa, pois que Jesus não convivia com os poderosos, os ricos e os gozadores.

Essa muralha ficava na parte sul, no local onde se situara a antiga cidade de Davi, a pouca distância da fonte de Siloé e, em seus muros arruinados se agasalhavam centenas de pessoas do baixo povo que nela cavavam nichos mais ou menos amplos e neles residiam em condições precárias. Um dos mais bem aquinhoados em espaço era o aguadeiro Hillel, filiado à Fraternidade Essênia, tido e havido como homem trabalhador, honesto e caridoso. Era

O Redentor

celibatário e em sua casa, relativamente espaçosa e confortável (em relação às demais), hospedava conhecidos e amigos galileus, ligados a Jesus na crença da redenção prometida.

Na cidade rumorosa e superlotada de gente, Jesus não tinha pouso fixo e dormia, muitas vezes, ao relento, no Monte das Oliveiras, rodeado de seus discípulos. Por isso é que dizia que: "os animais têm suas tocas, mas o Filho do Homem não tinha onde repousar a cabeça".

Passava os dias no Templo, pregando e consolando o povo, pois que, como rabi, tinha direito de fazê-lo no Pátio dos Gentios; e, à tardinha, retirava-se para lugares diferentes e às vezes, mesmo, desconhecidos. Comumente se acolhia em casa de Simão, chamado o **leproso**, pai de Lázaro, o que **ressuscitou**, no Bet-Ini, caminho da Betânia. Os próprios discípulos procuravam subtraí-lo aos contatos com os agentes do clero para preservar-lhe a vida, tendo em vista que tanto sua pregação como seus atos colidiam muitas vezes com os costumes e regras determinadas pelo Sinédrio. Por isso é que, mais tarde, foi preciso que o sgan do Templo pagasse a Judas o segredo do lugar onde Jesus estava repousando, naquela noite trágica de sua prisão.

Como sacerdote do Templo, membro do Sinédrio e homem de responsabilidades partidárias, não desejava Nicodemo que a visita a fazer a Jesus fosse divulgada e, por isso, pediu que fosse levado a Ele à noite, sem testemunhas e em lugar discreto.

Tendo o aguadeiro Hillel cedido sua casa, Nicodemo ali compareceu à hora marcada. Nessa entrevista (João 3:1-21), Jesus demonstrou-lhe que o Espírito renasce várias vezes, evoluindo e não ressurge, simplesmente, uma só vez, como era admitido pelos fariseus; que evolui para conquistar, pelo amor e pela sabedoria, o reino de Deus. Mostrou que a transformação espiritual é o que importa obter e não as glórias efêmeras do mundo material; que o Espírito, liberto pela Verdade, é como o vento que sopra onde quer; que a salvação, fruto do renascimento espiritual, pertence a todos os homens, a todas as nações e raças e não a um só povo, de existência privilegiada, mas de conduta comum, como era o caso dos judeus; respondendo a perguntas, referiu-se também à sua qua-

Edgard Armond

lidade de Filho de Deus, destinado a um sacrifício redentor que, em suas consequências, beneficiaria a toda a humanidade.[28]

Após essa entrevista, o prestígio pessoal de Jesus cresceu muito na mente do Rabi, e disso deu relevantes testemunhos em outras oportunidades, principalmente no Sinédrio, tomando sua defesa, ou tentando restringir a hostilidade sacerdotal desencadeada contra Ele, sobretudo na noite de seu julgamento.

---

[28] Notam-se nessa entrevista muitos termos e conceitos usuais do Espiritismo.

Capítulo 22

REGRESSO À GALILÉIA

Após a Páscoa, Jesus retirou-se da cidade, seguindo para o interior da Judeia, pregando em vários lugares do Baixo Jordão e, em seguida, penetrou na Samaria, a terra ímpia, impura, odiada pelos judeus.

Era verão e, nessa época, aumenta em toda Palestina a falta de água, tendo o povo de utilizar-se das reservas conservadas em poços subterrâneos, situados debaixo das residências, para os quais eram encaminhadas as águas de chuva, captadas nos terraços abertos. Quando a seca era intensa e longa, até mesmo essas reservas escasseavam e a população emigrava de vários lugares, buscando as margens do Jordão.

Preciosas e raras eram, pois, as fontes que não secavam e, em torno delas, se aglomeravam os retirantes, armando tendas e formando acampamentos provisórios, com o desembaraço que lhes vinha da experiência do seu passado de povo nômade.

Uma dessas fontes perenes era o conhecido "Poço de Jacó", na Samaria, aberto no horto que o Patriarca oferecera, há séculos atrás, a seu filho José (o que foi vendido aos egípcios) e ficava a pouco mais de um quilômetro das portas da cidade de Sicar, hoje Neplusa.

À sua borda chegou Jesus, na sua viagem, por volta do meio-dia.

Acabara de defrontar-se, em Jerusalém, com expoentes da classe sacerdotal, com rabinos, com escribas discutidores e agora sentava-se ali, à borda daquele poço, naquela região desprezada, habitada outrora por Jacó e onde estava seu túmulo, trasladado com tanto aparato, por José, seu filho, vice-rei do Egito, nessa região mal-afamada, infestada de salteadores, coberta de idolatria.

Ao invés, porém, de evitá-la, como todos o faziam, veio para ela, atravessando o seu solo ardente e adusto. Não nasce, então, o sol para todos? E não é o doente o que mais precisa de médico?

Sentou-se, pois, na mureta de pedra que circundava o poço e lhe servia, ao mesmo tempo, de degrau. Era um poço profundo, de mais de trinta metros e, pela manhã e à tarde, as mulheres do povo dirigiam-se para ele a fim de se suprirem de água. Desciam lentamente pelo trilho estreito e serpenteante que vinha desde as portas da cidade, mãos adejando aos lados, num balanço ritmado e harmonioso, ostentando, à luz crua do sol, seus mantos amplos, de cores vivas, enquanto, pela estrada das caravanas que se estendia mais à esquerda, as longas filas de camelos e burricos, sentindo de longe o refrigério da água, se aproximavam rinchando, pressurosos, ansiando por ela.

Porém, a essa hora quente do meio-dia (hora sexta), nunca havia movimento; todos permaneciam dentro de suas casas, ou à sombra das árvores, fugindo ao sol causticante, pois que a vida somente recomeçava à hora nona.

Coberto de pó e fadiga, Jesus sentou-se no muro do poço, para aguardar o regresso dos discípulos que haviam seguido adiante, para comprar alimentos na cidade. Junto d'Ele somente permaneceu João, o mais jovem, que recolheu e transmitiu os detalhes da comovente cena.

Saindo da cidade, aproximava-se uma mulher samaritana, com seu cântaro à cabeça e o balde de haurir água enfiado no braço esquerdo. Chegando ao poço e deparando com Jesus ali sentado, viu logo, pelos seus trajes e figura, que se tratava de um judeu, gente hostil, orgulhosa, inimiga dos de sua raça; por isso, afastou-se logo para o lado oposto, receosa e desconfiada.

Desceu o balde, tirou a água e, quando ia derramá-la no cântaro, Jesus pediu-lhe de beber. Surpresa com o fato insólito de um judeu descer de sua classe para pedir água a uma samaritana, ficou imóvel, indecisa, até que, movida de repente por um irresistível im-

O Redentor

pulso, tomou da vasilha, encheu-a de água e apresentou-a a Jesus, o qual, após beber e dar de beber a João, disse à samaritana que aquele encontro para ela representava uma felicidade, porque Ele tinha poder para dar-lhe de beber uma água cujo poço nunca se extinguia e que vertia para a eternidade.

E como ela, curiosa, lhe perguntasse que água era aquela, Ele lhe disse que era a água da vida imortal do espírito; e como ela, prosseguindo, entre outras coisas lhe perguntasse onde é que se deveria adorar a Deus, se em Jerusalém, como o queriam os judeus, ou se no seu Templo nacional do Monte Garizin, que dali se avistava em grande majestade (onde pontificava Simão, chamado o Mago), Jesus explicou-lhe que "a hora viria e já tinha chegado, em que não haveria lugares especiais para cultuar a Deus, devendo este ser adorado em toda parte, e não com formalidades exageradas ou espetaculosas, como faziam em Jerusalém, ou com práticas idólatras e supersticiosas, como faziam os samaritanos, mas sim com simplicidade e pureza, em espírito e verdade, porque Deus é espírito". E quando a mulher, compreensivamente, respondeu que já ouvira falar assim e era sabido que o Messias esperado por todos mudaria todas as coisas, Ele firmemente lhe disse: "O Messias sou eu que falo contigo".

Amedrontada, a mulher quis retirar-se, mas Ele pediu-lhe que levasse a notícia aos outros moradores da cidade para que também fossem eles esclarecidos sobre isso, o que ela prometeu fazer.

Ao regressar à cidade, assustada, ela informou primeiro a seu marido e depois aos demais moradores, da presença daquele profeta; contou que lhe havia feito revelações de muitas coisas e se dizia o Messias e convidava a todos para que comparecessem perante Ele, para que os esclarecesse nas verdades de Deus. Surpreendidos, sobretudo pelo fato de ser o visitante um judeu, acudiram pressurosos e o levaram para dentro da cidade, hospedando-o por dois dias, durante os quais receberam de suas mãos generosos benefícios espirituais.

Capítulo 23

NA SINAGOGA DE NAZARÉ

Foi quando se afastava de Sicar, que Jesus recebeu a notícia, transmitida por um discípulo, de que João Batista fora preso por Herodes.

Para Jesus isso significava que sua hora definitiva tinha soado e que deveria agora entregar-se abertamente ao seu trabalho de redenção humana, arrostando com todas as consequências e prosseguindo até o fim.

Apressando-se, seguiu então diretamente para a Galileia, passando primeiramente por Caná e prosseguindo para Nazaré, onde habitava sua Mãe.

Era agora um sábado, dia importante do ritual judeu. Havia uma lista de inúmeras coisas que era proibido fazer. Nesse dia, se alguém quebrava um membro ou torcia um pé, ou se feria num acidente, ficava sem remédio e sem socorro (salvo o do próprio lar) até o pôr-do-sol seguinte. Nas vésperas, ao crepúsculo, soava um sino, ou se dava outro sinal, e todos começavam imediatamente a largar suas ocupações, regressando a suas casas, fechando-se nelas; começava o repouso legal, durante o qual não se podia efetuar atividade alguma e a própria alimentação já deveria estar previamente preparada; somente era permitido comparecer à sinagoga local na manhã seguinte.

O Redentor

Jesus, acompanhado de sua Mãe, seus parentes e discípulos, cumpriu o rito e compareceu à sinagoga local onde chegara, já então, notícia de sua presença na cidade, bem como sua fama de profeta. Seus constantes períodos de ausência nos mosteiros e nas viagens e seu natural caráter concentrado e recolhido, fizeram com que, para a maioria dos presentes na Sinagoga, parecesse quase um estranho; mas em atenção ao fato de ser um rabi, como tal se apresentando, acompanhado de seus discípulos, foi convidado pelo hazan a fazer a pregação do dia.

O costume era que os Conselheiros da cidade fossem convocados em rodízio semanal para esse trabalho, exceto para a parte final, referente aos profetas, que cabia, nessas ocasiões, aos hóspedes de honra como, naquele dia, Jesus era considerado.

Levantou-se Ele, pois, e dirigiu-se ao banco do pregador; cobriu-se com o tallit — manto ou véu das orações —, tomou o rolo de pergaminho das mãos do servente e, ao invés de ler o texto referido, já marcado, como seria obrigatório, abriu-o na passagem de Isaías, que tratava do advento do Messias e que dizia: "O espírito do Senhor está sobre mim e me ungiu para que anuncie a Boa Nova aos pobres, para curar os de coração aflito, anunciar aos cativos sua libertação, dar vista aos cegos, libertar os oprimidos e apregoar o tempo das graças e dos galardões do Senhor".

O normal era que o pregador, lido o texto, devolvesse o rolo ao servente e passasse a comentá-lo, interpretando o sentido, como o fazemos ainda hoje em nossos templos. Jesus, porém, lido o texto, sentou-se e permaneceu em silêncio alguns momentos, sob o olhar inquiridor e desconfiado da assistência até que, levantando-se de novo, acrescentou simplesmente: "Hoje está se cumprindo esta Escritura que acabais de ouvir", como dizendo e deixando bem claro que Ele era ungido ao qual as Escrituras se referiam.

Compreendido isso, levantaram-se então os protestos gerais:

— Quem é este que fala desta forma?

— Não é este, porventura, o filho de José, o carpinteiro?

Edgard Armond

— Não é o mesmo cuja mãe e irmãos conhecemos?

Formou-se um tumulto e Jesus retirou-se sem mais palavras.

Depois disso, demorou-se ainda alguns dias em Nazaré e, no sábado seguinte, na mesma sinagoga, quando pregava, interpretando o texto do dia, contrariou novamente os assistentes, pelos ensinamentos que ministrava e que não eram concordantes com aqueles que estavam acostumados a ouvir, o que levou Jesus a declarar que ninguém é profeta entre os seus e que, por isso, a graça de Deus é dada mais facilmente a estrangeiros.

Com isso os ouvintes se enfureceram, porque as Escrituras eram privilégio de Israel, e seus ensinamentos os únicos verdadeiros; e, acompanhando os mais exaltados, arrastaram Jesus para fora e tentaram jogá-lo de uma ribanceira existente ali perto, porém, Ele, usando de seus poderes, "passou entre eles" como diz o Evangelho, e abandonou em seguida a cidade, não antes, entretanto de eleger mais dois discípulos que foram Tiago — o Menor — e Judas Tadeu[29], dali seguindo para Cafarnaum, que ficou sendo o centro de suas andanças e pregações.

---

[29] Judas Tadeu era seu irmão afim, sobrinho de José. Maria, sua mãe, sabendo do isolamento em que vivia, sem conforto, e das durezas e dificuldades da missão que apenas iniciava, pediu-lhe que também aceitasse em sua companhia Cléofas, seu tio materno, que se encarregaria dos afazeres materiais referentes à sua pessoa.

Capítulo 24

A MORTE DE JOÃO BATISTA

João Batista permanecia sempre às margens do rio Jordão, atendendo ao povo e pregando o arrependimento dos erros, batizando e ensinando a doutrina da redenção pelo amor. Sua fama correra mundo e crescia dia por dia.

Herodes Antipas, governador da província, na sua corte luxuosa e pervertida de Tiberíades, onde tudo servia para afastar o tédio insuportável, demonstrou desejos de conhecer o profeta severo, que movimentava as multidões de crentes, tornando-se assim um guia perigoso do povo.

O Precursor havia incorrido, dias atrás, no ódio de Herodíades que, na ocasião, abandonara seu marido Felipe, irmão de Antipas, e vivia maritalmente com este. Era mulher inteligente, porém inescrupulosa, e muito dada aos costumes libertinos greco-romanos de banquetes, orgias, circos, etc.

Sob o temor da popularidade do profeta e a pressão de sua mulher, que se dava por ofendida, mandou Herodes que João fosse levado à sua presença. João não se recusou, mas aproveitou a oportunidade para reiterar as críticas que fizera ao rei pelo seu ato culposo e compareceu à sua presença.

Como era de esperar, sua figura estranha impressionou profundamente Herodes e à sua corte e João, como sempre fazia, falou-lhe das coisas que pregava ao povo e das esperanças do Messias nacional que, reafirmou, já estava presente no país, para cumprir sua missão divina de remir os homens dos seus erros, separar o joio do trigo e queimar o mau grão que para nada serve. Mas Herodes o interrompeu dizendo que sabia da fama que tinha e desejava que ele desse ali, na presença de todos, demonstrações de seu poder de profeta, para que então suas palavras tivessem valor.

João exaltou-se e respondeu que mais valeria ao rei entrar, com os outros, no caminho da salvação, fugindo ao pecado do adultério, pois que não lhe era lícito viver com a mulher de seu irmão.[30]

Como judeu, de temperamento místico, por momentos o rei ficou atemorizado com as ameaças de João. Porém, insuflado por Herodíades, mandou prendê-lo e transportá-lo mais tarde à fortaleza de Macaerus nos limites dos desertos árabes.

Nessa prisão, que durou dois anos, João gozou de liberdade relativa, podendo falar com seus discípulos, que eram muitos, e mandar e receber mensagens. Apesar de algemado por um pulso e preso à parede do cárcere, podia, no entanto, aproximar-se de uma janelinha existente na porta da cela e falar com seus discípulos, que permaneciam do lado de fora. Durante os anos em que esteve encarcerado, João mandou várias vezes seus discípulos a Jesus, para dar-lhe conta de sua situação e saber o que se passava com ele. Através de seus discípulos, João seguia atentamente o quanto se passava na Galileia e no país a respeito de Jesus, não porque duvidasse de sua condição de Messias, é óbvio, mas para que após sua morte (que sabia próxima), seus discípulos tomassem o rumo certo o que, aliás, não aconteceu, porque se alguns deles vieram para Jesus, a maioria não o fez e conservou-se fiel à memória de João Batista e até hoje ainda existem, realizando os ritos que o profeta estabeleceu na forma essênia.[31]

---

[30] Herodes havia se casado com a filha do rei árabe Aretas, porém repudiou-a para viver com sua cunhada Herodíades. Por isso, o rei árabe moveu-lhe guerra e o derrotou, exigindo reparações pesadas.

[31] Existem na Ásia Menor, sob a denominação de "Sabeos"; guardam o domingo e, uma vez por semana, fazem o batismo, num cerimonial em que entram o pão e o vinho. Também o próprio livro *Os Atos dos Apóstolos*: 17:24-28 e 19:1-5, referem-se a Apolo, discípulo de João, residente em Alexandria. Esses discípulos de João, em geral, negavam que Jesus fosse o Messias esperado.

O Redentor

Na prisão, passado tempos, a aparência de João Batista tornar-se-ia ainda mais estranha e impressionante; era um verdadeiro homem do deserto: alto, maltratado, esquelético, moreno-amarelado, mais ainda dotado de forte e agigantada constituição. Da fímbria da túnica de estopa pendia a franja de rabi; e seus olhos, que pareciam dois carvões em brasa, não se despregavam do interlocutor enquanto falava, com acento poderoso, alegórico e místico.

E já estava acorrentado há dois anos, quando Herodes veio com uma grande comitiva formada de cortesões, oficiais de serviço, visitantes e funcionários romanos, passar uns tempos na fortaleza, onde, diariamente se banqueteavam. Em um desses festins, entediado pela rotina, desejou que a pequena Salomé, ali presente, filha de Herodíades, menina de dezesseis anos, criada junto às tribos do deserto, na corte de seu pai, dançasse para ele as danças estranhas e voluptuosas daquele povo, mas ela recusou várias vezes até que, por insinuação de sua mãe a qual, pressurosa, apegou-se à oportunidade de satisfazer seu ódio, declarou ao rei que poderia dançar para ele desde que, como prêmio, lhe mandasse trazer ali, numa bandeja, a cabeça do profeta encarcerado.

Herodes assustou-se com o pedido, procurou furtar-se a ele, mas a menina, sempre insinuada por sua mãe, pô-lo em brios pela palavra dada e então, muito a contragosto, Herodes concordou e, logo após a dança, o chefe de sua guarda desceu ao cárcere, mandou degolar o profeta, e, o carrasco, espetacularmente, entrou na sala do banquete, apresentando à menina a cabeça sangrenta e ainda semiviva, cujos olhos a fitavam muito abertos.

Horrorizada, fugiu da sala, enquanto elevou-se no ar, vindo do pátio da fortaleza, lá embaixo, o coro sombrio e lúgubre, cantado pelos discípulos que presenciavam a morte do seu mestre; cantavam salmos e profecias, e punham em evidência a que dizia: "voz que clama no deserto, preparai os caminhos...".

João Batista resgatava com sua morte por degolação as culpas de Elias, cometidas séculos antes e, conforme predissera a seus discípulos, abandonava o cenário para que o verdadeiro Enviado, o Messias de Israel, se engrandecesse e caminhasse, também, para seu glorioso destino: um se apagando, humildemente, pela morte e outro acendendo para a posteridade, a incomensurável luz do Gólgota.

Capítulo 25

OS TRABALHOS NA GALILÉIA

Como vimos, Jesus, saindo de Nazaré, estabeleceu em Cafarnaum seu centro de atividades públicas; dali partia para pregar nas vizinhas cidades de Salmanuta, Magdala, Corazin, Betsaida e outras, situadas às margens do lago do Kineret, bem como nas regiões vizinhas; cumpria assim, rigorosamente, as Escrituras, conforme as lera na sinagoga de Nazaré, pois que, por todos esses lugares espalhava a Boa Nova da salvação, curava os doentes, libertava os oprimidos, a todos levando a palavra da compaixão e da esperança.

CAFARNAUM

Cafarnaum ficava à beira do lago e, naqueles tempos remotos, era importante centro comercial; possuía um porto de pesca, uma alfândega e uma coorte de soldados romanos. Era ali que, sentado a uma guarita, na boca da ponte de encostamento de barcos, permanecia o cobrador de impostos chamado Levi, que, mais tarde, foi apóstolo com o nome de Mateus. À mesma margem, bem mais para o sul, ficava Tiberíades, cidade pagã, edificada por Herodes em homenagem a Tibério, o césar romano.

A maior parte do povo de Cafarnaum era formada de pescadores e hortelãos, gente pobre e tão sobrecarregada de impostos que, em grande porcentagem, se tornava assalariada dos ricos e dos comerciantes.

O Redentor

Raros possuíam recursos próprios, sendo apontados a dedo como, por exemplo, acontecia em relação aos dois Zebedeus, Tiago e João, cuja mãe, Salomé, possuía alguns barcos de pesca. Pela sua pobreza, o povo nem mesmo tinha conseguido construir a sinagoga local, tendo sido preciso que o centurião[32] comandante da coorte romana, fizesse para isso importante donativo, visto ser homem piedoso e simpatizante da religião judaica, o mesmo ao qual o Evangelho (Mateus 8:5-13) se refere como tendo recebido uma graça de Jesus.

Jesus, ali chegando, repousou alguns dias em casa da sogra de Simão Bar Jonas. Nesse tempo tinha ele quase 32 anos. Era esbelto, mas robusto, estatura acima da mediana, rosto ovalado, emoldurado por uma barba fina, castanho-avermelhada, repartida ao meio e encaracolada nas pontas; usava cabelo caindo pelas costas, da mesma cor da barba. Tinha a testa alta e ampla, olhos grandes, claros, têmporas encovadas; tez morena como a de sua Mãe, sobrecílios e cílios compridos, sombreando o rosto.

Usava vestes brancas, compridas até os pés, tendo por cima uma túnica azul-clara, sem mangas. Não usava, como os outros rabis do povo, cintas de couro nos braços e na testa.

Segundo o costume da época e do local, usava sobre a camisa e a túnica, uma capa e nesta, quatro borlas azuis que eram as franjas rituais de rabi.

Quando a multidão o rodeava, pedindo socorro para seus males, ou quando se emocionava por qualquer circunstância, um halo de luz ou de fluidos fortíssimos o envolvia, sua face empalidecia e suas vestes fulguravam, mormente quando era de noite. Nessas horas, grande poder magnético irradiava dele e se espalhava a seu redor, influenciando a todos que se aproximassem. Muitos se curavam somente ao entrar em contato com sua aura poderosa, ou

---

[32] Centurião era posto de oficial do exército romano, comandante de uma centúria — 100 homens —; subdivisão de uma legião, que era comando de um tribuno, posto que correspondia a um coronel dos exércitos atuais.

Edgard Armond

tocando suas vestes como, por exemplo, aconteceu com a mulher que sofria de hemorragias, conforme relata o Evangelho.[33]

Os galileus seguiam os ritos da Tora e frequentavam Jerusalém nas festividades nacionais, mas eram rebeldes a certas formal dades e exigências impostas pelo clero e não seguiam à risca muitos dos preceitos. Tinham costumes à parte. Não cumpriam, por exemplo, a rigor, o ritual dos sacrifícios de sangue, nisto demonstrando serem mais evoluídos que os judeus, e, aos sábados, nas suas sinagogas, cuidavam mais particularmente de ouvir as interpretações da Lei.

Já anteriormente nos referimos ao cerimonial nos Templos e, se nas sinagogas das grandes cidades, a organização interna comportava, além do rabi, vários servidores do culto, comissões de trabalho social e um conselho de anciãos, encarregado de ouvir e julgar as partes e dar sentenças que competia ao hazan executar (pois tais sinagogas tinham atribuições executivas municipais), nas cidades pequenas, entretanto, o hazan acumulava todas as atribuições, tornando-se a principal autoridade local.

As sinagogas funcionavam como pequenas repúblicas: tinham um presidente, um conselho de anciãos, um hazan, delegados, secretários e um schamasch (auxiliar do Templo). Tinham, como já dissemos, jurisdição e atributos executivos municipais, expedindo decretos-leis, pronunciando sentenças corporais, menos penas de morte, que nas províncias, eram da alçada real.

Já vimos também que os rabis recebiam instrução completa, justamente para poderem atender ao povo como mestres religiosos, juízes, orientadores sociais e conselheiros em geral.

---

[33] Euzébio de Césares, em sua *História*, narra que essa mulher era de Páneas, cidade da Fenícia, chamada mais tarde Cesaréa de Felipe. Informa que no seu tempo, diante da porta da casa onde residia, havia 2 estátuas de bronze representando uma, a referida mulher, numa atitude de súplica e, em outra, Jesus estendendo a mão direita. O mesmo fato estava representado em murais nas mais antigas catacumbas.

Capítulo 26

PREGAÇÕES E CURAS

Entre os judeus em geral, naquele tempo, o sistema das pregações era muito diverso do usado hoje, quando o mestre, sacerdote, ou pastor ou orador acadêmico, expõe livremente suas ideias, sem interrupções, sendo ouvido em silêncio pelos assistentes.

Nas sinagogas ou tribunais, qualquer assistente tinha o direito de interpelar o orador e era comum surgirem tumultos quando as opiniões de muitos divergiam, ou quando os oradores pregavam matérias consideradas contrárias à Tora e aos costumes nacionais. Já vimos o que havia acontecido dias atrás, com o próprio Jesus, quando se apresentou por duas vezes na sinagoga de Nazaré, fato esse que deveria repetir-se várias vezes no decurso de suas pregações futuras, como era de esperar, em outros lugares.

Nessas sinagogas do interior do país, às margens do rio, é que Jesus iniciou suas pregações e somente mais tarde, quando o auditório aumentou enormemente, devido à sua fama de profeta, às curas que fazia e aos fenômenos — tidos como milagres — que produzia, é que passou a pregar nas praças públicas e ao ar livre.

O dialeto que ele usava era o siríaco-hebreu, um dialeto romano do tronco aramaico que, nesse tempo, era usado em toda a Palestina.

Normalmente, nas sinagogas, entrava acompanhado de seus discípulos (o que era costume entre os rabis), tomava da mão do servente o rolo das Escrituras, na parte já marcada como o texto do dia, — a "Parascha" — e passava então a interpretar o assunto,

Edgard Armond

segundo seu elevado e sábio critério. Mas, justamente por causa dessas interpretações como já o dissemos atrás, é que, desde o primeiro dia, teve de enfrentar a animosidade dos **doutores da lei** que, conquanto não fossem sacerdotes, consideravam-se eruditos, teólogos, linguistas, juristas, de maior ou menor renome ou capacidade; e como, em sua maioria, pertenciam ao partido fariseu, tinham grande autoridade e, com sua presença, representavam o oficialismo religioso da Capital, o que vale dizer, do Sinédrio.

Perceberam logo que Jesus era um pregador perigoso, diferente dos demais, porque pregava de forma heterodoxa, revolucion ria; falava com autoridade própria, possuía saber profundo, e jamais reverenciava ou prestava obediência a qualquer das escolas rabínicas oficiais.

Oferecendo o Reino de Deus, sobre o dos homens, reino de harmonia, paz e justiça, Jesus tinha capacidade para promover a maior revolução social, dentre as que tinham sido tentadas. De fato: bem distanciada do espiritualismo clássico e das religiões dogmáticas, que até hoje existem, mesmo quando filiadas ao cristianismo, a doutrina que pregava exigia realizações objetivas e imediatas; exigia ação, fatos, resultados; não concepções teóricas, filosóficas, cerebrais, mas decisões e transformações íntimas e ações no plano coletivo, exatamente como o Espiritismo deve exigir hoje na evangelização de seus adeptos. Por isso Jesus dizia sempre: "pelos frutos conhecereis as árvores e aquela que não der bom fruto deve ser cortada e lançada fora".

Num país onde a maioria do povo era escravo do salário do dia, Ele pregava a libertação e a igualdade espiritual em relação aos poderosos, como irmãos que todos eram, filhos do mesmo Pai, assim devendo proceder uns com os outros, fraternalmente. As mesmas ideias que acenderam no mundo terríveis revoluções, hoje configuradas em ideologias igualitárias de caráter político que levam, entretanto, à eterna dominação do mais forte! Por isso, todos os miseráveis e desvalidos o seguiam e o amavam e seu prestígio aumentava diariamente, baseado na esperança de que sendo Ele o Messias nacional, traria a libertação de Israel do jugo estrangeiro e acabaria com a miséria, a doença e a escravidão.

O Redentor

E os próprios discípulos pensavam assim, tendo sido, portanto, terrível a decepção da quase totalidade deles, quando ouviram no dizer que "seu reino não era deste mundo". E dentre os decepcionados, o maior de todos foi Judas de Kerioth.

A doutrina pregada por Jesus enraivecia o clero judaico, porque ensinava uma religião sem sacerdotes e sem ritos exteriores, que não aceitava nenhum intermediário entre a criatura e o Criador. E dava testemunho disso, porque nem sempre usava os templos para suas preces e pregações; retirava-se para lugares solitários e ensinava quase sempre a céu aberto. Por isso, tornava-se odiado pelo clero e por todos aqueles que viviam à custa dos Templos.

Além disso, os sacerdotes ensinavam que somente os **filhos de Abraão** mereciam as graças do céu, enquanto Ele dizia que todos os homens são filhos de Abraão e que Deus criaria seus filhos até das próprias pedras. De um lado, o privilégio de poucos e o egoísmo de uma raça e de outra, a fraternidade universal! Não a religião dominadora de um pequeno grupo ou de um pequeno povo, que se julgava superior aos demais, mas a religião do homem terreno, universal e eterna. Como aceitar semelhantes heresias e ilusões?

Em sua primeira visita à sinagoga de Cafarnaum sua atitude impressionou fortemente a assistência (como, aliás, sucedia em toda parte onde chegava pela primeira vez). Era praxe que o visitante, convidado a fazer a leitura ou a pregação do dia, se escusasse, só aceitando quando o diretor do culto reiterasse o convite; mas Jesus desprezava formalidades e, naquele dia, logo que convidado, dirigiu-se para a tribuna e formulou a prece nos seguintes termos: "Bendito sejas, Senhor, dono do Universo, criador da luz e das trevas, da paz e do amor"; e a situação tornou-se verdadeiramente dramática quando um dos presentes, tomado pelo Espírito, apontando para Ele gritou: "Eu sei quem tu és, rabi de Nazaré: és o Santo de Deus". E o espanto culminou quando Jesus, sereno e seguro de si mesmo, ordenou ao Espírito que se afastasse do homem, sendo imediatamente obedecido.

Todos perceberam, então, claramente, que ali estava um profeta legítimo, não de palavras, somente, mas de atos concretos e poderes espirituais fora do comum.

Edgard Armond

As curas e "milagres" feitos pelo Mestre em Cafarnaum e em outros lugares, eram aparentemente de processos diferentes: ora impunha as mãos sobre os doentes, ora apelava para sua fé, ora utilizava seu imenso poder de Verbo Divino, dizendo simplesmente: "estás curado", ou "tua fé te curou", ou "vai e não peques mais". Às vezes, por compaixão, curava vários doentes ou um grupo deles, estendendo os braços em sua direção, dizendo: "se tiverdes fé, pensem nos vossos entes queridos, para que eles sejam também beneficiados"; ou ainda, operava curas à distância, usando da palavra, como há vários exemplos citados no Evangelho.

É claro que somente Ele poderia fazer tal coisa visto que, em certos casos, libertava o doente ou o obsedado de seus compromissos cármicos, o que não é da alçada de qualquer Espírito, por elevado que seja, pelo fato de que nestas curas há interferência nas próprias leis divinas que regulam esses casos.

Por isso, sua fama crescia dia a dia e de toda parte corria gente à sua procura. E quando Ele passava pelas ruas ou pelas estradas empoeiradas, o povo saía às portas e as mulheres levantavam nos braços, bem alto, seus filhos pequenos, para que o olhar do Rabi sobre eles pousasse; e muitos atiravam-se ao chão de olhos postos n'Ele para que, ao passar, sua sombra os cobrisse.

E onde quer que Ele estivesse ou chegasse, rodeava-o logo a miséria e o sofrimento humanos, suplicando, aos gritos e lamentos tristes, que lhes desse alívio. Por isso, por onde Ele passasse, permanecia, por muito tempo, um halo de luz e de felicidade a iluminar os olhos de todos os que viam e uma esperança nova no peito, sacudindo os corações, sem saberem mesmo muito bem de onde provinham.

Naqueles tempos imperavam as doenças de toda espécie, no seio das famílias pobres, principalmente derivadas da ignorância e da imundície.

Na Palestina as mudanças bruscas de temperatura, as secas implacáveis, o pó dos desertos e dos terrenos fortemente calcários, como os da Judeia, a ignorância e a promiscuidade (tão comuns entre os povos orientais), a indolência natural do povo e sua arraigada superstição religiosa, tudo concorria para que as moléstias se alastrassem e dominassem por toda parte.

O Redentor

A ciência ainda estava na infância; não havia médicos profissionais à disposição dos pobres e os tratamentos e curas ainda eram mais da alçada de sacerdotes, rabis e curandeiros ou magos, que pululavam por toda parte, juntamente com as febres, as disenterias, as moléstias de olhos e a lepra.

Quando vemos, nos dias de hoje, sobretudo nos ambientes ainda retardados, quando a medicina já conquistou maiores conhecimentos não só sobre a etiologia como na terapêutica, que a tendência do povo é procurar confiadamente a curandeiros e charlatões, aglomerando-se à volta deles, esperançados em curas às vezes impossíveis, nada há de estranhável que naqueles dias remotos corressem desesperadamente para junto de Jesus que, realmente, tinha poderosos meios de cura e de auxílio.

Nunca se negava, e em todas as oportunidades procurava edificar as almas e redimi-las de si mesmas; e se, agindo, transgredia as normas, os hábitos e os costumes como, por exemplo, efetuando curas aos sábados, desprezando os exageros das regras sobre a pureza, etc., era para demonstrar, ao mesmo tempo em que fazia o bem, que a caridade estava acima dos formalismos estéreis e que, como costumava responder aos fariseus, Ele, como homem, era o senhor do sábado e não seu escravo.

Quando limpava os leprosos e mandava que se apresentassem aos sacerdotes, era para que o benefício fosse completo, porque os sacerdotes eram obrigados a fornecer ao doente atestado de sua cura, cessando seu isolamento em lugares solitários, podendo eles, daí por diante, reintegrar-se no convívio da família e da sociedade; com isso também demonstrava que a misericórdia divina, quando concedida, purificava o corpo e o espírito; e quando devolvia a vista aos cegos, desligando os doentes de suas provações cármicas, dizendo-lhes: "ide e não pequeis mais", queria explicar ao povo que as trevas, como todos os sofrimentos, vêm da prática dos erros, da ausência de virtudes e que nestas existe somente claridade.

E até mesmo não levantou de seus esquifes os que se tinham como mortos? Isso foi para provar que a vida é eterna e que os corpos humanos são meras contingências das reencarnações punitivas, nos primeiros degraus da escada evolutiva.

Capítulo 27

OUTROS LUGARES

Em Cafarnaum e seus arredores, efetuou inúmeras curas e beneficiou multidões de suplicantes. Diz o Evangelho que efetuou também muitos "milagres" como, por exemplo, A Pesca Maravilhosa, em que faz segura demonstração do seu poder de vidência o qual, na certa, possuiria em imensa amplitude; e duas multiplicações de pães (uma das quais na cidade de Júlia, na Decápolis), que o Espiritismo também pode explicar como condensações fluídicas, multiplicadas em cadeia, o que, para o Divino Mestre, seria possibilidade natural.

Todos os sábados comparecia à sinagoga local, para pregar ao povo na cidade onde estivesse no momento, como era direito e dever de um rabi interessado na boa orientação dos crentes e um dia, em Cafarnaum, na sinagoga, apresentaram-lhe um operário que sofrera um acidente e tinha, como consequência, a mão seca, morta, pedindo-lhe que o curasse. Mas os fariseus intervieram imediatamente, com malícia, perguntando-lhe se lhe era lícito curar no sábado, ao que Jesus respondeu: "Respondei primeiro: que será melhor fazer num dia de sábado, um benefício ou um dano? Salvar alguém da morte ou deixar morrer?" E como os interpelados não encontrassem resposta hábil e justa, Ele curou o doente ali mesmo.

Este modo de confundir os opositores em público, na resposta justa e honesta aos seus ataques, pondo a nu suas hipocrisias, despertava enorme rancor por parte dos fariseus porque, de cada encontro, Jesus saía engrandecido e eles diminuídos.

O Redentor

Todos os sábados surgiam dificuldades e discussões, porque Jesus andava sempre acompanhado de doentes, miseráveis, desvalidos de toda espécie e jamais deixava de atendê-los pacientemente, não só curando-os de seus males como, sobretudo, consolando-os e esclarecendo-os nas promessas, tantas vezes repetidas, do próximo Reino de Deus, destinado a todos aqueles que cumprissem suas leis universais e eternas.

Durante os primeiros tempos em que ali esteve, fazia suas pregações, de preferência no porto, entre os pescadores e escravos. Assim que se aproximava, todos acorriam para junto d'Ele para ouvir suas palavras de salvação e, por fim, a movimentação era tão considerável, que os capatazes intervieram e reclamaram junto às autoridades, alegando que aquelas reuniões prejudicavam o rendimento do trabalho dos homens, visto que eram todos assalariados.

Estas reclamações eram sempre atendidas por Jesus que, nestes casos, mudava o lugar das pregações, por ser exato respeitador das leis visto que assim pregava, dizendo: "Dai a César o que é de César".

O publicano Levi, de dentro de sua guarita, no cabeço da ponte do porto, de cujos impostos era arrendatário, via essas coisas, ouvia o que diziam e, muito mais que isso, sempre que possível, ouvia as pregações; e todas as vezes que Jesus por ali passava, saía da guarita e inclinava-se respeitosamente, saudando-o, até que um dia aproximou-se mais, curvou-se ainda mais e disse incisivamente: "creio que o dia da salvação vem, como Tu pregas, Senhor, porém eu ficarei de fora, por ser um homem impuro e cheio de imperfeições", ao que Jesus, parando e olhando-o firmemente, respondeu: "Deus anda sempre junto daqueles que têm o coração humilde. Deixa a tentação dos bens perecíveis e vem comigo". Então Levi, exultante, abandonou o seu posto no mesmo instante e o seguiu, convidando-o, logo depois, para repartir o pão em sua casa, honrando-o com a sua presença; e tendo Jesus aceitado, convocou a vários de seus colegas de profissão e os discípulos do Mestre, para aquela mesma noite.

Por causa disso surgiu um grande escândalo entre os fariseus, porque era dia de jejum e alguns discípulos de João Batista, que se encontravam na cidade, protestaram em honra de seu rabi morto;

e também porque os cobradores de impostos eram considerados ladrões e gente impura; um rabi, portanto, não podia, segundo a Lei, sentar-se e comer com gente dessa espécie.

E se aglomeraram vários deles frente à casa de Levi, reclamando em altas vozes, até que Jesus, saindo, os esclareceu sobre o fato, dizendo: "Não disse o Senhor, por Oséas: Prefiro a misericórdia aos sacrifícios? Eu não vim chamar os justos à penitência, mas sim os pecadores".

E no outro dia, em casa da sogra de Pedro, o povo se reuniu em volta d'Ele, muitos ficando de fora, por não haver lugar; e os fariseus, que não o largavam, buscando sempre motivos para comprometê-lo, entraram também para ver o que Ele fazia.

E Jesus estava fazendo sua pregação de costume, quando a caliça do forro da sala começou a cair, abriu-se nele um buraco e fizeram descer por ele um paralítico deitado em uma padiola. O fato não alarmou os assistentes porque, quando presente Jesus, muitas coisas extraordinárias aconteciam e também porque sabiam que as casas das aldeias montanhosas ou encostadas a morros, eram construídas, como já explicamos, encravadas nas encostas; eram baixas e possuíam, em lugar de telhado um terraço aberto, que captava a chuva e servia também de dormitório no verão. Os terraços das casas comumente se uniam formando blocos de residências ligadas entre si.

O piso desses terraços era feito de galhos secos trançados, sustentando uma camada ou duas de terra socada e cozida ao sol.

Os homens que conduziam o doente paralítico, não podendo entrar pela porta obstruída pela multidão, subiram ao terraço, quebraram a terra cozida, afastaram os galhos e desceram-no com a padiola, pelo vão aberto.

E quando o depositaram aos pés de Jesus, o doente moveu para Ele os olhos macerados e tristes, pedindo: "Socorre-me Rabi; estou cansado de sofrer". Jesus, então tomado de compaixão, e ante aquela fé tão intensa, disse ao doente: "Teus pecados te são perdoados, meu filho". Mas os fariseus presentes se escandalizaram

O Redentor

com tais palavras porque, perdoar pecados, segundo a Lei, só o podia Deus, e assim clamavam em vozes altas, protestando. Mas Jesus, encarando-os, perguntou: "O que julgais mais difícil: perdoar os pecados deste doente ou curá-lo?". E, não havendo resposta pronta, acrescentou, incisivo e seguro: "Para que saibas que o Filho do Homem tanto pode fazer uma coisa como outra, olhai e vede". E voltando-se para o doente, ordenou-lhe: "Levanta-te, toma tua cama e vai para tua casa". E, sob o maior assombro dos presentes, o paralítico levantou-se, estremunhado e vacilante, colocou a padiola às costas e foi-se embora pelo corredor que a multidão, solícita, lhe abriu até a porta.

Com estas coisas, a medida das hostilidades dos inimigos foi-se enchendo e a notícia de que aquele Rabi era um contraventor da Lei foi sendo espalhada pelos fariseus, dando margem a que muitos de seus seguidores ou simpatizantes fossem se afastando, muitas portas se fechando e muitos cortavam caminho para se desviarem d'Ele, amedrontados.

Então Jesus passou a levar seus discípulos para os campos e pomares próximos, fora da cidade, instruindo-os pessoalmente na sua doutrina de redenção pelo amor.

Mas, em um sábado, permitiu que colhessem espigas num trigal maduro e as comessem, porque estavam com fome. Isso deu margem a novas reclamações e represálias da parte dos fariseus, por se apropriarem de trigo ainda não colhido e não separada a parte destinada aos pobres, como era costume, tendo Jesus, esclarecendo-os, perguntado se nos sábados os sacerdotes não realizavam, porventura, sacrifícios no Templo, ou se não operavam circuncisão nesse dia? E se eles, fariseus, não sabiam que o próprio rei Davi, num sábado, estando com fome, penetrou no Templo de Abiatar e comeu os pães destinados às cerimonias do culto? E ante o silêncio constrangido dos opositores, repetiu a frase decisiva dizendo que **o homem não foi feito para o sábado, mas sim o sábado para o homem.**

Capítulo 28

HOSTILIDADES DO SINÉDRIO

    Relatórios circunstanciados desses acontecimentos eram enviados constantemente ao Sinédrio, em Jerusalém, pelos fariseus locais e pelos espiões daquele tribunal, que também estavam sempre presentes como homens do povo, às reuniões e às pregações de Jesus.

    Com esses elementos, já suficientes para desencadear represálias violentas, o Sinédrio, de certa forma indeciso pela imensa popularidade do rabi galileu no seio do povo, em todas as províncias e cidades, elaborou um plano de ação que pôs imediatamente em execução. Em consequência, todos os rabis fariseus e saduceus, todos os escribas e doutores da Lei, todos os hazans dirigentes de sinagogas e outras autoridades dependentes de sua jurisdição, foram orientados no sentido de reunir provas, com urgência, e arrolar o maior número possível de testemunhas sobre as transgressões feitas, tanto contra a Tora, como contra as regras de conduta, costumes e praxes estabelecidas pelo Sinédrio e em pleno vigor na Palestina e na Diáspora.

    Havendo, pois, aumentado visivelmente as pressões contra Ele e seus discípulos, que eram constantemente procurados e interrogados por agentes oficiais, Jesus retirou-se para a cidade de Naim, situada a sudeste de Nazaré, nas proximidades do Monte Tabor, onde sua chegada causou muito alvoroço. Cansados da viagem, Ele e seus discípulos pararam em uma praça, à sombra de algumas árvores, para descansar, enquanto o povo foi ali se aglomerando, não

O Redentor

só para conhecer tão afamado rabi como, também, para pedir-lhe graças e curas de suas moléstias, como sempre ocorria.

Nesse local, aproximou-se d'Ele um homem rico, Simão, rabi fariseu, que o convidou para uma ceia em sua casa. Jesus percebeu logo que o convite tinha outras intenções, porém aceitou-o e, à hora marcada, compareceu à sua casa, acompanhado de seus discípulos. Simão, por sua vez, convidou amigos influentes da cidade, inclusive alguns doutores da Lei, isto é, pessoas eruditas, conhecedoras a fundo da Tora.

Conhecendo a fama do profeta galileu, dos seus atritos verbais com os fariseus de outras partes e, certamente, cumprindo as instruções do Sinédrio, no sentido de acumular provas contra Jesus, valia-se Simão, da oportunidade magnífica para obter vantagens, comprometendo-o ante testemunhas de indiscutível idoneidade.

Assim, sabendo que Jesus não se atinha a formalidades e aos ritos da purificação pessoal, deu ordens a seus escravos para que a todos os convidados oferecessem água para as abluções usuais, menos a Jesus; e assim foi feito. Em seguida, mandou apresentar-lhe os pãezinhos de costume, envoltos em pano alvo de linho e todos se escandalizaram por ver Jesus parti-los assim mesmo, sem lavar as mãos, ou reclamar contra essa falha da hospedagem.

E então começaram a interpelá-lo sobre isso, respondendo Jesus que "não é o que entra pela boca que faz dano, mas o que dela sai" e, da mesma forma, com sua indiscutível superioridade moral, interpretava os textos que lhe eram postos pelos interrogantes, uns em seguida a outros, sem interrupção.

Capítulo 29

MARIA DE MAGDALA

Nessa altura do ágape, verificou-se um tumulto à porta da casa, onde se aglomerava o povo e onde também estavam, juntos, os discípulos, que não tiveram autorização para entrar na sala do banquete; e, logo em seguida, afastando os criados que tentavam detê-la, penetrou no recinto uma mulher jovem e bela, vestida de panos de cores diferentes e olhando em torno, com evidente desprezo para os demais convidados, localizou Jesus, que se achava um tanto afastado dos outros e, reconhecendo-o, atirou-se a seus pés, chorando.

Foi logo por todos identificada como sendo Maria, natural de Magdala, cidade situada ao sul de Cafarnaum, à beira do Lago, onde possuía uma casa grande e rica. Era naquela ocasião a hetaira mais famosa e influente de toda a Palestina e contavam-se às centenas seus admiradores da classe alta, inclusive filhos dos príncipes dos sacerdotes em Jerusalém.

Vendo ela que os pés de Jesus estavam sujos de pó e detritos dos caminhos, sem terem sido lavados, compreendeu logo o que se passava e, abrindo um frasco de óleo perfumado, que trazia pendurado ao pescoço por fina corrente de ouro (o que era hábito entre as mulheres ricas) derramou o perfume nos pés do rabi e, em seguida, limpou-os com seus bastos e perfumados cabelos arruivados.

Enquanto isso, os convivas, irônicos, sussurravam entre si, dizendo:

O Redentor

— Ele se diz profeta e no entanto não sabe que está sendo homenageado por uma prostituta...

— Além disso, acrescentava outro, sendo rabi, porventura ignora que tal aproximação profana é vedada pela Lei?

Mas Jesus, virando-se para Simão, que observava a cena em silêncio, propôs-lhe o seguinte caso:

— Um homem tinha dois devedores de quantias diferentes e a ambos perdoou. Qual dos dois lhe deveria ser mais grato?

— Naturalmente o que devia maior quantia, respondeu Simão.

— Certamente, conveio Jesus. Agora, então, pondera comigo: tu me convidaste a esta ceia, com o propósito oculto de verificar a minha conduta e as minhas palavras, e convidaste amigos teus para testemunhos do que fosse dito ou feito, comprometendo-me. Mesmo assim aceitei teu convite; vim à tua casa e tu não me mandaste dar água para lavar as mãos e os pés, como é costume e como fizeste com os demais convidados. Com isto, obrigaste-me a partir o pão sem lavar as mãos, como também é de praxe, e nada reclamei. E vem agora esta mulher e me lava os pés com suas lágrimas, unge-os com perfume, enxuga-os com seus cabelos. Apesar de sabê-la pecadora, aceitei também a sua homenagem. Ambos são pois devedores e a ambos, como vês perdoei. Qual dos dois, pois, demonstrou maior gratidão?

A decepção do rabi fariseu foi tamanha que ficou mudo, o mesmo sucedendo a todos os demais, enquanto Jesus, dirigindo-se à pecadora, disse-lhe: "Levanta-te, filha, teus pecados te são perdoados. Vai em paz".

E em seguida retirou-se da casa de Simão, indo hospedar-se na casa do publicano Jochanan, amigo de Levi, onde foi acompanhado pela multidão que estava na rua e que, levantando lanternas nas mãos, manifestava sua alegria dizendo: "teu lugar, rabi, não é entre os teus inimigos, mas entre o povo que te ama e de ti espera a salvação e socorro para suas necessidades.

Após permanecer ali alguns dias, Jesus voltou para Caná e Nazaré, onde ficou algum tempo e depois novamente para

Edgard Armond

Cafarnaum, continuando suas pregações. Mas seus discípulos eram constrangidos a responder perguntas insistentes feitas por fariseus da cidade, que lhes punham questões nestes termos:

— Não compreendemos o vosso rabi: Ele conhece profundamente a Lei e os profetas; diz que não veio para destruí-las, mas para confirmá-las, no entanto, transgride a Lei a cada passo, desencaminhando o povo. Que dizeis?

— Ele sabe o que faz, respondiam os discípulos, e obra sempre para o bem de todos. Além disso, é um grande profeta e opera milagres.

— Sim, retrucavam os interrogantes, mas seus atos destroem suas palavras, e quanto aos seus milagres, não os negamos, mas julgamos que são inspirados por Satã.

Outras vezes interrogavam em outros termos:

— Vosso rabi não pára; anda por toda parte, pregando e curando e falando no reino que não é deste mundo. Que tem ele em vista? Transgride a Lei e os costumes; prega contra a Tora e os sacerdotes do Templo... porventura quer levantar o povo?

— Nada disso. Ele prega a purificação, o arrependimento dos pecados e a redenção pelo amor ao próximo, pois somos todos irmãos, filhos do mesmo Pai Celeste, respondiam os discípulos.

— Porventura então acha que os judeus são irmãos dos samaritanos heréticos e dos pagãos impuros?

E assim tentavam confundir e comprometer também os discípulos, que acabavam por fugir deles, para não comprometerem ainda mais o seu rabi.

Os fariseus, então, espalhavam pela cidade a versão de que Ele era inspirado por Satã e, por isso, é que fazia curas e milagres que os sacerdotes não podiam fazer. E assim, os ânimos de inúmeros moradores foram se acirrando contra Jesus.

Mas Jesus, reunindo seus discípulos, falou-lhes com bondade e narrou-lhes a parábola do Reino Divino em si mesmo mas, mes-

O Redentor

mo assim, os discípulos se mostravam atemorizados e a partir daí, Judas, pelo menos, começou a perder a fé no seu rabi.

E aconteceu que, naqueles dias, chegaram à cidade alguns delegados do Sinédrio, para investigar oficialmente a conduta do rabi galileu e, tomando conhecimento do que se dizia e do quanto ocorria, instalaram logo uma espécie de tribunal investigador e convocaram testemunhas da cidade e das vizinhanças.

A essa reunião compareceu também Simão, o fariseu de Naim, e alguns discípulos de João Batista, moradores na cidade, aos quais interrogaram perguntando:

— Por acaso vosso rabi, já morto, perdoava pecados de alguém?

E os discípulos de João confessavam que não:

— Nosso rabi mandava que se arrependessem, mas não perdoava pecados.

Voltando-se os interrogantes para os mais cultos e prestigiados fariseus e doutores da Lei presentes, perguntavam:

— Sabeis de algum rabi ou sacerdote que, por si mesmos, hajam perdoado pecados?

E os interrogados unanimemente respondiam:

— Jamais conhecemos alguém, rabi, sacerdote, ou intérprete da Lei, que perdoasse pecados.

E, terminada a investigação, os delegados do Sinédrio concluíram que Jesus era, realmente, um transgressor da Lei e dos costumes de Israel, principalmente por não respeitar o sábado, sentar-se à mesa e repartir o pão com pessoas impuras e blasfemar contra Deus, perdoando pecados.

Mas Jesus, considerando as circunstâncias de estarem seus discípulos atemorizados com a situação e também porque sua hora ainda não tinha chegado, abandonou a cidade mais uma vez.

Capítulo 30

O DESENVOLVIMENTO DA PREGAÇÃO

Jesus escolheu Cafarnaum para centro de suas atividades públicas devido à sua importância e também porque dava assim testemunho das Escrituras, quando diziam: "E a terra que foi angustiada não será entenebrecida; envileceu nos primeiros tempos, mas nos últimos se enobreceu, junto ao caminho do mar, além do Jordão, na Galileia dos gentios. O povo que andava em trevas viu uma grande luz e sobre os que habitavam **na terra da sombra e da morte** resplandeceu uma luz" (Isaías 9:2).

Foi nessa região e imediações, que realizou grande parte de seus "milagres" e curas e aí também tomou corpo e se organizou, de forma definitiva, a campanha de hostilidades desencadeada contra Ele pelos escribas e fariseus, como agentes do clero judaico.

Quando fizeram aquele simulacro de julgamento, dando-o como transgressor da Lei, muitos dos discípulos menores se afastaram dele, com receio da situação mas quando, em pregação posterior, Ele falou que era o pão do céu que deveria ser comido, dizendo: "Eu sou o pão vivo que desceu do céu; quem comer deste pão viverá eternamente", e acrescentou: "E o pão que vos darei será a minha própria carne, que sacrificarei pela salvação do mundo", não compreenderam que se referia ao sacrifício do Gólgota, ao qual, pouco tempo depois, se entregou, e julgaram que tinha enlouquecido.

E como já corria mundo a propaganda feita contra Ele pelos fariseus, acusando-o de ser cúmplice de Satã, o que sujeitava a Ele e a seus discípulos servirem de escárnio público em muitos lugares por onde passavam, essa propaganda também cooperou para o afastamento de muitos discípulos.

O Redentor

Era certo que essas acusações e maus juízos não vinham da gente pobre, o povo humilde, mas da classe média e superior, ligadas por interesses fortes às áreas do governo e com essas classes é que estava o poder que o povo temia.

Essas notícias chegaram logo a Nazaré de onde sua Mãe, inquieta, acompanhava seus passos perigosos, sempre à espera de acontecimentos infelizes, lembrando-se dos vaticínios que lhe foram feitos, quando ainda no Templo, dias antes de seu consórcio com José.

Tinha idade suficiente para saber da extensão do poder e da força de violência do Sinédrio, na repressão de movimentos religiosos que contrariavam as diretrizes e as regras do Templo.

Assim, sabendo o que estava ocorrendo em Cafarnaum, fez-se acompanhar de alguns de seus filhos afins e seguiu para lá, com o intuito de trazê-lo de volta para casa, nem que fosse por algum tempo; conhecia a sensibilidade de seu coração, tão dedicado ao serviço do povo humilde, e não queria deixá-lo exposto às represálias do Sinédrio.

Chegaram quando Ele estava pregando ao povo em casa da sogra de Simão e, não podendo entrar, pelo vulto da multidão, pararam fora, esperando; mas alguns assistentes, reconhecendo-os, transmitiram a notícia para o interior da casa, para que Jesus fosse avisado.

Mas o Divino Enviado, penetrando nos pensamentos piedosos de sua Mãe e nas disposições hostis de seus familiares e discordando deles, pois que, integrado na sua divina missão, não poderia ater-se a interesses meramente humanos e sentimentais, por mais respeitáveis que fossem, quando lhe disseram: "estão aí fora tua Mãe e teus irmãos, que te procuram", Ele, estendendo o braço para os que o escutavam, respondeu: "minha mãe e meus irmãos são aqueles que fazem a vontade de meu Pai, que crêem em mim e seguem os meus ensinamentos", com isso querendo dizer, bem claramente, que as únicas ligações verdadeiras e permanentes são as que ligam as almas entre si e não aos corpos físicos.

119

Edgard Armond

Nunca encontrara apoio e compreensão espiritual naqueles irmãos afins que, ao contrário, sempre desejaram que Ele permanecesse em casa e discordavam de suas atividades religiosas; e, como já dissemos atrás, no lar somente contou desde o início com a cooperação da sua Mãe.

Por isso, após terminar a pregação, foi até onde Ela estava e ali prestou-lhe as honras devidas e, com palavras esclarecedoras e corajosas sossegou seu coração angustiado.

Capítulo 31

O QUADRO DOS DISCÍPULOS

O grupo numeroso de seguidores que foi chamado "Os quinhentos da Galileia" passou a se desmembrar rapidamente quando a situação tornou-se perigosa, reduzindo-se a setenta e dois; e estes também, em grande parte, debandaram um pouco mais tarde, quando Jesus declarou que seu reino não era deste mundo; mas os doze, primeiramente admitidos, permaneceram fiéis ao lado do Mestre e, quando vinham de uma reunião na sinagoga local, foram interpelados por Jesus nos seguintes termos: "E vós não quereis também partir"?

Os discípulos, tomados de emoção, silenciaram, mas Pedro adiantando-se, respondeu por eles dizendo: "Partir para onde, Senhor? Deixar-te para seguir a quem? Voltar para as trevas de onde viemos? Tu só tens a palavra da vida eterna e sabemos que Tu és o Filho de Deus".

E Jesus, sorrindo, então lhe disse: "Por isso mesmo vos separei um por um e vos julguei dignos de minhas preferências". Mas, lendo no coração de Judas o que nele se passava, de decepção e angústia, ajuntou com tristeza: "Entretanto, um de vós voltou seu coração para a descrença, perdendo a fé".

Edgard Armond

Mas, chegando à casa da sogra de Pedro, ali os reuniu reservadamente e os consagrou um por um, pelos nomes que daí por diante conservaram até a morte, formando o quadro final dos discípulos, ao qual acrescentamos detalhes necessários, como seguem:

SIMÃO BAR JONES (denominado Pedro)

ANDRÉ (irmão de Pedro)

TIAGO — O Maior (filho de Zebedeu)

JOÃO (filho de Zebedeu)

TIAGO — O Menor

JUDAS TADEU

SIMÃO, O ZELOTE

TOMÉ DE TOLEMAIDA

MATEUS (Levi)

FILIPE DE BETSAIDA

BARTOLOMEU (também chamado Natanael)

JUDAS DE KERIOTH

Nota: a este quadro acrescentou-se, mais tarde, Matias, que substituiu Judas de Kerioth, por sorteio entre os discípulos, após a morte de Jesus.

Os discípulos eram muito diferentes entre si, na idade, nos conhecimentos, nas virtudes e no caráter.

Após cessarem as perseguições por parte do Sinédrio, num período de tempo de quase dez anos, a contar do Gólgota, eles se reuniram em casa de Maria de Nazaré e distribuíram entre si as tarefas da propagação, na Palestina e nos países vizinhos.

Respeitando a maioridade de Pedro e as recomendações de Jesus, elegeram-no para dirigi-los, sem nenhum grau de hierarquia, somente no sentido moral.

O Redentor

Eis os destinos que tomaram e o fim que tiveram:

PEDRO — Foi um dos poucos que permaneceram largo tempo na comunidade cristã de Jerusalém. Fez algumas viagens de propagação do Evangelho entre os gentios em Antióquia e outros lugares e, por fim, foi a Roma, acompanhado de João, onde conviveu largo tempo com os messianitas locais, onde Paulo também esteve preso e foi executado, e onde consta ter sido martirizado.

Mas, segundo obras mediúnicas de respeito, dali partiu para Éfeso, juntando-se a João, que ali estava exilado e onde ditou a epístola que tem o seu nome, desencarnando no ano 67, com 87 anos, sendo seu corpo levado para Éfeso e dali para Roma, mais tarde.

TIAGO — O Maior — Filho de Zebedeu e Salomé e irmão de João.

Pescador de profissão. Permaneceu com Pedro e Matias em Jerusalém, sendo morto por perseguidores do cristianismo, juntamente com outros companheiros, morte esta, seguida, logo depois, da execução de Estêvão, diácono grego e inspirado pregador.

TIAGO — O Menor — Também conhecido como Zebeu, partiu para o Egito, permanecendo os primeiros tempos junto a Fílon de Alexandria, que ali dirigia uma importante escola iniciática, fixando-se em seguida junto ao Lago Moeris, onde construiu uma colônia cristã que foi um valioso núcleo de cristianização do norte da África.

FILIPE — Evangelizou na Itureia, reunindo-se depois a André, no Mar Negro, sendo morto na Frígia, para onde seguira.

MATEUS — Anteriormente chamado Levi, partiu para a Etiópia, para onde mais tarde, Matias também seguiu. Os primeiros arautos do cristianismo no norte da África foram Zebeu e Mateus, aos quais também se reuniu, mais tarde, o apóstolo Marcos, onde desencarnou. Mateus prosseguiu até o reino da Rainha Candace, na Etiópia, onde foi morto.

TOMÁS DE TOLEMAIDA, ou Tomé Dídimo — Era o terceiro apóstolo em idade depois de Pedro. Espírito crítico e analítico, descambava sempre para a dúvida e a negação. Não possuía, inicialmente, fé, o dom que permite perceber e aceitar determinadas

123

coisas da vida espiritual antes que os olhos as vejam e quando ficam além dos sentidos físicos.

Até mesmo as impressionantes e admiráveis realizações de Jesus permaneciam para ele no terreno da dúvida, indo ao extremo de duvidar da própria evidência, como sucedeu na reunião realizada em Jerusalém, após o Calvário, quando o Mestre compareceu, materializado, em uma reunião de apóstolos, tendo sido preciso fazê-lo colocar a mão sobre uma de suas chagas.

Depois evoluiu e, na Pérsia, onde fazia a propagação evangélica, doze anos depois, recebeu do Plano Espiritual demonstrações diretas de fatos espirituais que o colocaram, afinal, no caminho consciente da certeza e da fé.

Evangelizou também na Índia, indo até Cachemir, às margens do rio Indo, onde na cidade de Srinagar existia o Santuário-Escola de Gaspar, um dos chamados Reis Magos.

BARTOLOMEU DE NAIM — Também conhecido como Natanael, evangelizou na Armênia, junto ao Mar Negro, onde foi morto.

JUDAS TADEU — Trabalhou na Mesopotâmia e na Pérsia, tendo ido até Persépolis, onde ficava o Santuário-Escola de Baltazar, outro dos conhecidos Reis Magos, o mais velho deles e já então desencarnado.

ANDRÉ DE TIBERÍADES — Irmão de Pedro — Seguiu para o Ponto Euxino, junto ao Mar Negro, onde trabalhou em companhia de Filipe e depois na Grécia, onde morreu.

SIMÃO — O Zelote — Permaneceu junto aos trabalhos da congregação na Palestina.

JUDAS DE KERIOTH — Após a participação que teve na prisão e morte de Jesus, segundo uns, enforcou-se numa figueira, junto à subida do Monte do Calvário, porém revelações mediúnicas esclarecem que dedicou o resto dos seus atormentados dias, como expiação do seu inominável crime, a servir como enfermeiro dos leprosos, no Vale do Inon na parte baixa da cidade de Jerusalém.

O Redentor

MATIAS — Substituiu Judas por sorteio, após a morte de Jesus, permanecendo em Jerusalém até a dispersão dos apóstolos, quando seguiu, então, para a Etiópia, juntando-se a Mateus.

JOÃO — Filho de Zebedeu — Pescador de profissão. Viveu até o ano 70, morrendo em Patmos, onde criou uma escola de iniciação cristã que foi frequentada por vários líderes do cristianismo dos primeiros tempos. Foi o apóstolo que mais durou, cumprindo-se assim o que Jesus dele dissera: que viveria mais que qualquer dos outros.

Era o mais jovem dos discípulos e doze anos mais moço que Jesus; era algo infantil, ingênuo e carinhoso.

Após a morte das três Marias, Maria de Nazaré, Maria de Betânia e Maria de Magdala, foi com Pedro para Roma, onde suas pregações atraíram a ira dos poderosos, sendo exilado para Éfeso, indo, em seguida, para a Ilha de Pátmos, que ficava fronteira à cidade.

Foi o que mais tardiamente se moveu para o trabalho, porque permaneceu junto de Maria de Nazaré, na casa desta, até sua morte.

Em Patmos, sua mediunidade, já manifestada em Nazaré, expandiu-se e atingiu sua plenitude, com as extraordinárias manifestações do Plano Espiritual Superior, pela vidência e audição, produzindo as obras que conhecemos: o Evangelho que tem o seu nome, as três epístolas conhecidas e o Apocalipse, além de numerosas mensagens que a codificação Católica Romana recusou por não julgá-las convenientes ao sentido e aos interesses dessa religião.

Capítulo 32

CONSAGRAÇÃO E EXCURSÕES

Os apóstolos, ao tempo de Jesus, estavam todos no vigor da idade, entre vinte e trinta anos e, exceção feita a Simão, o Zelote, e Judas de Kerioth, que possuíam alguma instrução e cultura rabínica e Levi, que por força de sua profissão de cobrador de impostos para os romanos, conhecia alguma coisa de contabilidade, todos os demais eram pessoas humildes, incultas, homens do povo, conquanto e, em compensação, cheios de fé, idealismo e honrados, sinceros e extremamente fiéis ao Divino Mestre.

No ponto mais alto das deserções, em reunião na casa da sogra de Pedro, Jesus os consagrou colocando as mãos sobre cada um deles e transmitindo-lhes poderes mediúnicos para expelir Espíritos malignos e curar doentes em seu nome.

Instruiu-os sobre as tarefas a executar como apóstolos (mensageiros Seus) na pregação do Reino de Deus, que deveriam realizar pelo mundo então conhecido e dando-lhes regras rigorosas de conduta.

Tendo em vista a atmosfera de hostilidades que se formara e impedia atividades livres e pacíficas, após a consagração mandou que se separassem, formando grupos de dois e três, indicando a cada grupo os rumos que deveriam tomar.

E assim foi feito, permanecendo os grupos ausentes por espaço de três meses.

O Redentor

Após o regresso, foram todos para Bet-Zeida, na margem oposta ao Jordão, onde produziu-se o "milagre" da multiplicação dos pães, que alvoroçou enormemente a multidão, pela esperança desencadeada de uma vida mais feliz e farta no futuro, quando Jesus, o rei-messias, assumisse o governo da nação israelita.

Mas a população da classe média e as autoridades locais se amedrontaram com o fato, temendo represálias que, na certa, viriam de Jerusalém; e então mandaram uma delegação a Jesus, pedindo que se passasse para outro lugar.

Jesus resolveu então fazer com seus discípulos uma excursão à Fenícia, atravessando a fronteira da Galileia, pela estrada das caravanas.

Os fenícios, também chamados cananeus, do ponto de vista material, eram muito mais adiantados que os hebreus e mais desenvolvidos intelectualmente. Conheciam o mar e a navegação; eram artífices e negociantes ousados, que viajavam para outras terras além das Colunas de Hércules (hoje Gibraltar), chegando até às costas da Inglaterra atual. Criaram o alfabeto latino, e muitas colônias nas costas do Mediterrâneo. Mas, espiritualmente, eram muito atrasados; traficavam com escravos, como os filisteus, e eram extremamente desapiedados com eles, nem tinham sentimento algum de fraternidade humana.

Jesus, acompanhado de seus discípulos, visitou as cidades de Tiro e Sídon, as mais importantes, que viviam da escravatura e do comércio; lugares amaldiçoados, onde os homens valiam menos que as bestas dos campos e eram atrelados aos arados, sem repouso, ao peso do chicote dos capatazes, ferozes e insensíveis.

Para ali afluíam constantemente rebanhos de escravos, comprados ou sequestrados nas colônias litorâneas despoliciadas, ou vindos até ali para serem vendidos nos mercados das cidades.

Floresciam as indústrias dos tecidos de púrpura, que tinham enorme aceitação nos mercados estrangeiros, entre outros fins, para roupagens de mulheres ricas, cortinas e mantos reais. O mesmo sucedia com a fabricação de vidros e metais, para cujas usinas eram remetidos os velhos, as mulheres, os fracos, e as crianças que, pelas próprias condições do trabalho incessante e insalubre, aguentavam pouco tempo e adoeciam gravemente sendo, então, jogados fora, sobre os montes de escórias das fábricas, para que morressem de fome.

E nas fábricas de púrpura, furavam os olhos dos escravos, para que não fugissem, e os atrelavam com correntes nas rodas de água que faziam girar os moinhos pestilentos, onde eram moídos os caramujos produtores de tinta, trazidos do mar em botes tripulados por pescadores escravizados e dali levados aos tintureiros, também escravos, que lidavam nas cubas escaldantes, sem nenhuma proteção contra o calor.

O mesmo sucedia nas fundições de bronze, ou na fabricação de vidro, onde tudo era feito sem a menor proteção e de onde só eram retirados para serem jogados fora, nos monturos, até morrerem. E morriam como moscas.

Era essa a terra do deus Moloch — o devorador de crianças e adolescentes que, com Astaroth e Melkar, formava o trio de deuses pagãos de cultos os mais impiedosos e repugnantes daquele período histórico bárbaro.

Quando a visão daquelas cenas se tornou insuportável para a sensibilidade de Jesus e dos discípulos eles rumaram para a Itureia de Felipe, passando por Gedêra, onde chegaram durante as festas de Zeus. Havia naquela cidade deuses e ídolos de muitos povos pagãos, cada qual exibindo um rito mais bárbaro e sangrento, quase os mesmos que, anos mais tarde, escandalizaram e despertaram a ira de Paulo de Tarso, nas suas viagens apostolares, quando passou por Antioquia e Seleucia.

Por toda parte Jesus levou seus discípulos para que se instruíssem, conhecessem o mundo, enrijecessem a fibra de seus Espíritos, a fim de poderem, eles próprios, quando estivessem sós, enfrentar as dificuldades, as misérias e as maldades humanas.

Capítulo 33

A CENA DO TABOR

Quando voltavam para a Galileia, atravessando o Jordão e deixando Naim um pouco ao norte, chegaram, ao cair da noite, ao Monte Tabor, em cujas faldas estava situado o mosteiro essênio desse nome. O monte tão celebrado se levanta no extremo oriental da planície de Esdrelon e tem 400 metros de altura; e enquanto as colinas vizinhas eram desnudas, o Tabor apresentava suas encostas cobertas de vegetação mais ou menos rasteira.

Atingida a base do monte, Jesus determinou que os discípulos permanecessem ali enquanto Ele, fazendo-se acompanhar de Simão Pedro, Tiago e João, seu irmão, subiu ao cimo do monte, onde deixou esses discípulos para trás e avançou até o ponto mais alto, onde pôs-se a orar.

Narra o Evangelho que os discípulos viram quando um grande esplendor envolveu Jesus, o qual mostrou-se acompanhado de Moisés e Elias, um de cada lado. A visão foi de curta duração e logo apagou-se e desceram de novo para o sopé do monte, onde passaram o resto da noite. Nessa volta é que os discípulos lhe perguntaram se era, pois, certo, que Elias viria anunciar o Messias, como estava escrito, respondendo Jesus que tal coisa já acontecera na pessoa de João Batista, o mesmo que os homens sacrificaram, como também sacrificariam a Ele o Filho do Homem, que seria imolado para salvação do mundo.

Capítulo 34

AS PARÁBOLAS

Voltando novamente a Cafarnaum, Jesus pronunciou ali o Sermão do Monte, bem como grande número de suas parábolas.

O sistema oriental de narrar as coisas é diferente do nosso. O discurso, para nós, é considerado perfeito quando possui um preâmbulo, uma ideia central e uma conclusão lógica e decorrente, com a qual se remata o assunto de forma completa. É como num soneto: expõe-se o assunto ou a ideia central e nos últimos dois versos fecha-se a exposição da ideia, com uma chamada "chave de ouro".

O oriental, pelo menos naqueles tempos remotos, em nada se preocupava com isso; não analisava a ideia fundamental logo de início, mas punha-a em evidência várias vezes durante a exposição, com digressões várias, comparando-a com outras coisas, análogas ou não, até que o que queria dizer ficasse bem claro e compreensível.

Nesse jogo de imagens é que se podia conhecer os mais sábios pregadores.

As parábolas são uma forma e um exemplo desse modo de narrar e Jesus, como é natural, empregava-as magistralmente, como recurso de imaginação para os ensinamentos que difundia entre o povo ignaro e simples, porém supersticioso.

A parábola (uma alegoria dentro da qual se disfarça uma ideia importante) servia também para tornar indelével, na memória dos rústicos que a ouviam, os substratos da doutrina que

O Redentor

ensinava, tornando-os mais acessíveis; e os próprios discípulos, graças a elas, puderam recompor mais tarde, de memória, a maior parte dos ensinamentos que Jesus transmitiu.

Os profetas antigos e os rabis também usaram da parábola, mas nem sempre para ensinar; porém Jesus assim fazia, procurando sempre promover as transformações morais dos ouvintes, com suavidade e amor, dando esperança e alegria. Utilizando-se de motivos naturais, ligados à vida do povo comum como, por exemplo: a pesca, a colheita, a semeadura; referia-se quase sempre ao passado, para obrigar os ouvintes a estabelecerem comparações com o presente em que viviam. Por isso suas palavras tinham a cor e o aspecto das regiões em que eram pronunciadas e ninguém deixava de compreender o que Ele dizia.

Dentre os rabis que também usaram as parábolas, estavam os grandes mestres Hillel, Gamaliel, Zakai e Schamai e, século e meio depois, ainda as encontramos na boca do rabi Meir, um dos doutores da Lei que redigiram a Mischná, em Iabné, após a destruição de Jerusalém pelos romanos, em 72.

Muitas foram as parábolas que Jesus pronunciou nas suas andanças missionárias pela Palestina, porém o Evangelho somente guardou algumas delas (naturalmente aquelas das quais os apóstolos se lembraram) e que podem ser agrupadas em três classes, segundo o sentido[34]:

USOS E COSTUMES SOCIAIS:

Os dez talentos	— Mateus 25:14-30 / Lucas 19:12-26
As bodas	— Mateus 22:1-14 / Lucas 14:15-24
Viúva oprimida	— Lucas 18:2-8
O bom samaritano	— Lucas 10:30-37
O rico avarento	— Lucas 12:16-21
Fariseu e publicano	— Lucas 18:9-14
Os primeiros lugares	— Lucas 14:7-14
O rico e o pobre	— Lucas 16:19-31

---

[34] Classificação, data vênia, transcrita do livro *Cristo Jesus* de Rafael Housse.

ASSUNTOS DOMÉSTICOS E DE FAMÍLIA:

Os dois filhos — Mateus 21:28-34
O filho pródigo — Lucas 15:11-32
O credor incompassivo — Mateus 18:31-35
O bom e o mau servo — Mateus 24:45-51 / Lucas 12:35-48
Mordomo infiel — Lucas 16:1-13
As dez virgens — Mateus 25:1-13
O homem previdente — Lucas 14:25-35
O reino dos céus — Mateus 13:44-53
A candeia — Marcos 4:21-25 / Lucas 8:16-18
A dracma perdida — Lucas 15:8-10

VIDA RURAL:

O semeador — Mateus 13:1-23 / Marcos 4:1-20 / Lucas 8:4-15
O trigo e o joio — Mateus 13:24-30
O grão de mostarda — Mateus 13:31-32
A figueira estéril — Lucas 13:6-9
Obreiros da vinha — Mateus 20:1-16
Lavradores maus — Mateus 21:33-41 / Marcos 12:1-12
A ovelha desgarrada — Lucas 15:3-7
A figueira que secou — Mateus 21:18-22 / Marcos 11:12-14
A semente que brota — Marcos 4:26-29
O bom pastor — João 10:1-16

Apesar de Jesus ter agido e vivido junto ao lago do Kineret e ter tido vários discípulos pescadores, não deixou parábola sobre pesca, peixes, etc., fora das referências feitas nas pregações.

Daremos agora uma síntese de interpretações no sentido espiritual, na forma objetiva e na ordem aqui estabelecida.

O Redentor

USOS E COSTUMES SOCIAIS

Os Dez Talentos

O Senhor nos entrega os bens da Criação, necessários às nossas necessidades e experiências evolutivas. Cada um recebe o que precisa e jamais lhe é exigido esforço maior do que pode suportar.

Desses bens, nos utilizamos de forma diferente, segundo nossa maturidade espiritual; uns, mais esforçados e diligentes, empenham-se em aumentá-los, espalhando-os em torno, para que deles também outros se beneficiem, enquanto os egoístas, preguiçosos ou gozadores, quando não os dilapidam, limitam-se a conservar o que receberam, utilizando-o em benefício próprio.

Os talentos que o Senhor distribui são dons de fortuna, de posição social, de conhecimentos, que devem ser utilizados, compartilhados e transmitidos a toda a humanidade; e tanto maior será a obrigação de assim se proceder, quanto maior o volume ou a extensão dos bens recebidos.

Na parábola, dois dos beneficiários aplicaram bem os recursos que lhes foram confiados, enquanto um terceiro, de compreensão mais estreita, egoísta e mesquinha, imobilizou a sua parte, nada produzindo.

Os dois primeiros prestaram boas contas e foram recompensados, mas o último não o fez e foi castigado, mandando o Senhor que os bens que recebera lhe fossem tirados e doados aos que apresentaram resultados satisfatórios porque: "ao que muito tem, ainda lhe será dado e, ao que tem pouco, esse mesmo lhe será tirado", porque quem não se esforça não merece recompensa; e, mais ainda, mandou o Senhor que fosse ele posto fora do reino, em esferas trevosas, onde imperam o sofrimento e as privações, para o devido aprendizado.

O conceito final da parábola deve ser a sentença: "a cada um será dado segundo suas obras".

Veste Nupcial

O Senhor enviou seu filho à Terra, para que se fizesse a confraternização dos homens, e todos foram convidados à tão divina realização, tendo sido o Evangelho pregado por toda parte. Mas os homens bem aquinhoados de recursos, não o receberam, nem lhe deram atenção, continuando a viver de suas ambições e interesses materiais e alguns deles, utilizando-se dos poderes de que dispunham, perseguiram e mataram os arautos da Boa Nova.

A mensagem foi então transmitida ao povo humilde, entre bons e maus, pacíficos e violentos, acomodados e rebeldes, e muitos dela se beneficiaram, em magníficas demonstrações de fé e desprendimento. Muitos foram os chamados, mas poucos os escolhidos.

O banquete de início oferecido a todos, e ao qual muitos não compareceram, significa a comunhão dos que foram iniciados nas verdades eternas e a estes é que foi entregue a veste nupcial; e o estranho que lá penetrou clandestinamente, é o agente do mal que tenta solapar a obra grandiosa da evangelização do mundo.

Nota: A significação desta parábola é quase a mesma a que se refere os títulos: "Convite desprezado" e "As bodas".

O Redentor

Viúva Oprimida

Homem prepotente e incréu, armado dos poderes da Justiça humana, abusava dessa justiça e menosprezava direitos e interesses daqueles que de suas funções dependiam.

E assim, uma viúva constantemente o solicitava para que julgasse uma demanda, da qual dependia sua subsistência, e o Juiz, apesar de não temer nem respeitar ninguém, nem mesmo Deus, por fim atendeu a viúva, para livrar-se da importunação.

Esta parábola põe em evidência a necessidade de jamais se esmorecer no recurso da prece, mantida pela fé, confiando sempre na justiça de Deus, e confirma a promessa: "batei e abrir-se-vos-á".

Nota: As conclusões são as mesmas da parábola intitulada "Juízes iníquos". Também semelhante a "O amigo importuno". (Lucas 11:5)

O Bom Samaritano

Um viajante judeu foi assaltado na estrada e ali deixado como morto. Passaram por ele várias pessoas, inclusive um sacerdote, mas ninguém se comoveu nem o acudiu, até que, por fim, passou um samaritano, raça desprezada pelos judeus, por ser julgada inferior e herética; este, então, apeou de sua montaria, colocou sobre ela o ferido, conduziu-o a uma hospedaria e pagou ao estalajadeiro para cuidar dele.

Qual cumpriu o preceito da Lei que manda amar a Deus e ao próximo?

Esta parábola serve para mostrar que as separações de classe, segundo os conceitos humanos, não são as que prevalecem espiritualmente e nenhum valor têm para o julgamento de Deus.

Edgard Armond

O Rico Avarento

Um lavrador rico teve uma grande colheita e, não tendo onde guardá-la, mandou demolir seus celeiros insuficientes, substituindo-os por outros maiores, onde ao mesmo tempo, guardaria todos os seus vultosos bens.

Assim, pensava ele: minha alma descansará segura. Mas, na mesma noite morreu, e seus bens, por quem foram aproveitados, já que para ele, como morto, de nada valiam?

A parábola demonstra que somente os bens espirituais são duradouros e prevalecem sobre a vida e a morte.

Fariseu e Publicano

Oravam em uma sinagoga, um fariseu e um publicano; o primeiro cheio de presunção, alardeava seus mistérios e sua devoção, enquanto o outro, humildemente, confessava suas faltas e arrependia-se delas, pedindo a proteção de Deus.

O primeiro, porque se exaltava, seria, nos céus, humilhado e o segundo, porque se humilhava, seria, nos céus, exaltado. Este era o ensinamento de Jesus, que refletia a Justiça de Deus.

Os Primeiros Lugares

Quando se é convidado a uma festa ou cerimônia, a tendência geral é de cada um se colocar em posição de destaque, vestindo-se com as melhores roupas, enfeitando-se, perfumando-se e, no local, procurar pôr-se em evidência entre as pessoas mais importantes; ninguém gosta de ficar ignorado, relegado a um plano secundário.

Na parábola, Jesus, chamando a atenção para estas circunstâncias e hábitos, aconselha a não se proceder dessa forma, para evitar dissabores e juízos desfavoráveis; coloquemo-nos modestamente, em posição discreta e digna, somente nos expondo, se a isso formos obrigados.

O Redentor

Vaidade ou amor próprio poderão fazer-nos supor que nossa presença seja agradável e honrosa para os outros, quando muitas vezes acontece justamente o contrário.

O exaltamento de si próprio poderá trazer amargas humilhações porque, segundo a Lei, "aqueles que se exaltam serão humilhados"; e se tivermos méritos verdadeiros na vida espiritual, eles brilharão como chama viva, perante Deus.

Aconselha também que não convidemos para nossas reuniões familiares somente pessoas ricas e importantes, para não suporem que visamos retribuições, mas, sim, gente simples, modesta, das quais não se poderá esperar retribuição alguma.

Jesus falava de hábitos e condições sociais, que a posse de bens e de fortuna estabelecem e, em todos os casos e circunstâncias, devemos proceder com modéstia e equanimidade, levando em consideração, mais que tudo, as condições morais das pessoas.

O Rico e o Pobre

O rico vivia a banquetear-se e o pobre, do lado de fora, a aguardar algumas migalhas que lhe viessem às mãos, para matar a fome.

E morreram ambos e então tudo mudou: o rico foi para as esferas inferiores e o pobre elevou-se à outra, mais luminosa e feliz. E quando o rico reclamou, lastimando-se do que acontecia, um assistente espiritual explicou que ele já havia recebido na Terra sua recompensa, enquanto o pobre agora é que recebia a sua.

Mas, respondendo ao rico que, neste caso, queria alertar seus familiares que ainda estavam na Terra e pedia que os avisassem sobre como era a vida espiritual, para que mudassem de hábitos e de crença, o assistente replicou dizendo que isso não era necessário porque, na Terra, havia a Lei e os profetas, que já tinham revelado essas verdades e que, se não agiam de acordo com essas leis, era inútil qualquer outro aviso.

O rico, então, insistiu dizendo que se a advertência lhes viesse de um parente morto, na certa que a levariam em conta, ao que o assistente respondeu que se não acreditavam nessas leis e ensinamentos que lhes estavam ao alcance, muito menos o fariam em se tratando de um morto...

A parábola é rica em ensinamentos: mostra que o arrependimento, forçado pelas circunstâncias, não elimina as consequências de uma má conduta, nem põe paradeiro à ação das leis divinas, que são irrecorríveis; que os bens materiais não devem ser utilizados egoisticamente, somente em benefício e gozo próprios; e que as diferentes condições dos Espíritos após a morte são irreversíveis, cada um se colocando nos lugares ou condições que lhes compete, segundo seu grau de evolução e seus atos; e as diferentes condições da vida espiritual são asseguradas por fronteiras vibratórias que as delimitam e separam, não podendo ser transpostas.

DOMÉSTICAS E FAMILIARES

Os Dois Filhos

O pai ordenou a um dos filhos que fosse trabalhar na vinha, mas este, prometendo ir, não foi, enquanto o outro, mesmo havendo recusado de início, arrependeu-se e foi.

Na parábola torna-se evidente que maus sentimentos são próprios de muitos, porém o que importa é que se capacitem disso, arrependam-se, decidam-se a melhorar e atender ao chamamento do Alto.

O Redentor

Os que procedem como o filho que se arrependeu têm o mérito da honestidade, da decisão justa e do esforço em proceder bem, pelo que receberão sua recompensa, entrando no Reino; o mesmo, porém, não sucederá com os que, ouvindo e vendo, desprezam o chamamento e furtam-se ao cumprimento do dever.

Face ao Evangelho redentor, não importa a natureza do pecado, mas a decisão pessoal de reformar-se e o esforço em redimir-se.

O Filho Pródigo

Era o filho mais moço de um lavrador rico, que exigiu sua parte dos bens da família por antecipação e partiu para outros lugares: queria conhecer o mundo e libertar-se do esforço contínuo do trabalho familiar. Inexperiente, foi explorado por muitos, esbanjou em pouco tempo o que o pai lhe dera, chegando a passar fome e exercer trabalhos repugnantes para manter-se vivo.

Arrependido, regressou ao lar, disposto até mesmo a ser assalariado do próprio pai, como os demais servos, mas foi recebido com alegria, promovendo o pai uma festa de comemoração pela sua volta, porque a família o recuperou ainda mais valioso, com a experiência que dá a sabedoria.

Assim sucede com todo aquele que, iludido pelo mundo material, deixa-se levar pelas suas atrações enganosas, volta as costas a Deus, faz-se surdo aos conselhos, até que os sofrimentos e as vicissitudes inevitáveis lhe despertem o entendimento e o façam voltar-se para as realidades do mundo espiritual, para Deus.

O Credor Incompassivo

O trabalhador de uma propriedade obteve de seu Senhor o perdão de suas dívidas, mas o mesmo não fez em relação a um outro que também lhe devia, recorrendo à Justiça, pedindo sua prisão.

Quando o caso chegou ao conhecimento do Senhor, este voltou atrás, cancelando o perdão que dera e mandando, da mesma forma, cobrar na Justiça a dívida que havia perdoado.

Edgard Armond

A parábola põe em destaque o ensinamento de que devemos perdoar aos nossos devedores, para também merecermos perdão de nossas faltas, devendo-se compreender bem que as leis de Deus se exercem com todo rigor e cada um colhe o fruto dos seus atos.

Não há propriamente, na vida espiritual, perdão de faltas cometidas, mas o ressarcimento delas pela prática de atos meritórios, ocorrendo, ainda, em certos casos, o chamado "acréscimo de misericórdia" para benefício dos que o merecerem.

A regra é perdoar sempre e não julgar como juiz mas, em mundos baixos como o nosso, somos obrigados muitas vezes a agir com rigor e castigar o que erra, para que o mal não se multiplique maleficiando outros, e para benefício do próprio culpado que, assim, tem oportunidade de reconsiderar e se emendar.

O Bom e o Mau Servo

Os bons servos devem estar sempre vigilantes para atender ao seu Senhor quando este vier para casa, seja à hora que for. Bem-aventurado será aquele a quem o Senhor confiar a mordomia de sua casa e que assim proceder, como castigado será aquele que abusar de suas funções, porque "a quem muito foi dado muito será pedido", e àquele a quem muito se confiou muito mais lhe será exigido que a outro qualquer; e tanto a respeito de si mesmo, como da execução das suas tarefas e dos testemunhos a serem dados em relação ao próximo.

Assim será, sem hora marcada ou sabida, quando vier o Filho do Homem para julgamento do mundo.

Mordomo Infiel

Havendo sido desonesto, o administrador de um homem rico foi chamado às contas e, antes que viesse a demissão e os castigos, convocou os devedores da propriedade e mandou que confessassem dívidas menores que as verdadeiras, com isso visando captar a boa vontade deles o que, realmente, conseguiu.

O Redentor

Mas a parábola adverte quanto ao erro, porque quem não é fiel no pouco, não poderá sê-lo no muito; se não formos fiéis na manipulação de bens materiais perecíveis, como poderemos sê-lo na de bens verdadeiros, do mundo espiritual? E se não formos fiéis na aplicação do bem alheio, como poderemos receber, naquele mundo, o que a nós compete?

A parábola põe em destaque a verdade de que não podemos servir com o mesmo zelo a dois senhores — a Deus e a Mamon.

As Dez Virgens

Nas cerimônias nupciais o noivo, ao chegar ao lugar das bodas, era recebido por um cortejo de virgens, com lâmpadas acesas.

Nesta parábola, o noivo chegou de repente, e muitas das recepcionistas estavam com suas lâmpadas apagadas e sem azeite para acendê-las ficando, por isso, impedidas de entrar na casa.

É preciso, pois, estarmos sempre preparados, prontos a acender as lâmpadas, para não ficarmos de fora, nas trevas, quando chegar a hora do banquete espiritual, nos páramos celestes.

O Homem Previdente

Quem quiser encaminhar-se na vida espiritual, que é renúncia e sacrifício, deve primeiramente examinar-se, para verificar as disposições íntimas, a sinceridade, a capacidade de perseverar e dedicar-se, para não parar no meio do caminho e deixar de alcançar o fim da viagem.

O Reino dos Céus

O reino dos céus é semelhante a um tesouro escondido, para a conquista do qual deve-se empenhar tudo o quanto se possui, inclusive jóias de grande valor, pelas quais se paga bom preço; ou ainda adquirir-se qualidades, como as de um bom peixe que o pescador separa dos ruins, quando recolhe a rede e os devolve ao mar.

Edgard Armond

Assim será no fim do período evolutivo que vivemos, quando os justos serão separados dos maus e estes lançados novamente no mar dos sofrimentos e das sombras...

A Candeia

Os que já possuem as luzes do conhecimento espiritual não devem sonegá-lo aos que ainda permanecem na ignorância ou na impiedade, porque não se acende uma candeia para colocá-la debaixo de um velador, mas sim em lugar alto, para que todos vejam a luz; porque esta é indispensável a todos e nada há que possa ficar oculto, que ela não revele. Assim também sucede com as verdades espirituais redentoras dos homens.

A Dracma Perdida

Uma mulher tinha dez dracmas, perdeu uma e se pôs a procurá-la por toda parte, até que a achou, demonstrando com isso grande alegria, não pelo valor da moeda — das menores entre todas — mas pelo prazer de reencontrar aquele bem que completava o seu patrimônio.

Assim, na vida espiritual, devemos perseverar na conquista da verdade até encontrá-la, para que possamos penetrar no Reino de Deus.

VIDA RURAL

O Redentor

O Semeador

O semeador, no seu trabalho, lança as sementes, que vão tendo diferentes destinos; uma parte é comida pelas aves, outra queimada pelo sol, outra sufocada pelo mato e uma, mais feliz, cai em terra boa e brota e cresce e dá frutos abundantes.

A parte comida pelas aves representa a interferência das forças do mal no coração dos homens fracos; a queimada pelo sol representa o enfraquecimento e a derrota do homem ante as vicissitudes da vida; a que foi sufocada pelo mato indica que as ambições do mundo, as riquezas, as ilusões dominaram-no, tornando-lhe a vida estéril; e a que foi lançada em boa terra é o que compreendeu, assimilou os ensinamentos divinos, cresceu e expandiu-se no serviço do bem, engrandecendo-se.

O Trigo e o Joio

Os bons obreiros semeiam a boa semente mas, terminado o trabalho e enquanto descansam, os inimigos do bem semeiam o mal, de forma que a seara apresenta sempre o bom produto misturado com o mau. E ambos, todavia, crescem juntos e não se deve separar um do outro, a não ser quando a seara amadurece e chega a hora da colheita quando, então, o joio pode ser separado e queimado, enquanto o trigo, limpo, é recolhido aos celeiros.

À hora justa, assim como o trigo e o joio, os homens serão também separados, e os sinos já estão tocando, avisando a chegada dessa hora...

O Grão de Mostarda

Semente das menores entre as sementes, entretanto, a da mostarda cresce, desenvolve-se, lança o broto e ultrapassa as demais hortaliças, chegando ao porte de uma árvore onde as aves fazem seus ninhos.

A parábola compara esse grão à virtude da humildade que, mesmo parecendo insignificante, produz resultados espirituais de extraordinário valimento.

Edgard Armond

A Figueira Estéril

Plantada em um horto, e não dando frutos, o senhor da propriedade mandou cortar a árvore; mas o hortelão pediu que esperasse mais um pouco, para que a adubasse convenientemente.

A parábola não conta o resultado, mas é evidente que quer referir-se ao fato de que, mesmo sendo estéril de bons atos, com o adubo do conhecimento, os homens podem melhorar, esmerando--se também em atender aos preceitos do Evangelho, que é o adubo das almas.

Obreiros da Vinha

O dono de uma vinha contratou trabalhadores em diferentes horas do dia pagando, à tarde, salário igual a todos eles; e ante as reclamações feitas pelos que trabalharam mais tempo, explicou que ele era competente para julgar o valor do trabalho de cada um, independentemente das horas trabalhadas.

Espiritualmente, isso significa que o chamamento de Deus — o dono da vinha — soa sempre, a qualquer hora, e todos os que atendem recebem salário pela qualidade do trabalho produzido; em pouco tempo o trabalhador diligente e devotado, mesmo quando tratado à última hora, pode realizar trabalho muito mais meritório que outros que trabalharam mais tempo.

Por isso, a parábola declara que "os últimos serão os primeiros", desde que, obviamente, executem trabalho bom, segundo o julgamento de Deus.

Lavradores Maus

Alguns lavradores arrendaram uma propriedade com a condição de cuidarem dela, fazê-la produzir e prestarem contas fielmente.

Ao tempo da colheita, o proprietário mandou receber a parte do arrendamento que lhe competia, mas todos os portadores envia-

O Redentor

dos, e até mesmo seu próprio filho, foram maltratados ou assassinados pelos arrendatários.

Na parábola, é possível que Jesus estivesse se referindo ao clero judaico ou a outros que recusassem sua mensagem, ou a Ele mesmo, como filho de Deus; e os maltratassem como realmente o fizeram criando, assim, entraves à propagação do Evangelho, considerada sua natureza de ensinamento universal.

A Ovelha Desgarrada

Assim como um pastor se aflige e sai à procura de uma só de suas ovelhas que não tenha penetrado no redil e por fim a encontra, e alegra-se e a traz de volta, porque todas merecem o seu cuidado e por todas se sacrifica, assim também quando um homem se desvia do caminho certo, a palavra do Senhor o alcança e, se é ouvida, o fato é comemorado porque "há sempre alegria no céu quando um pecador se arrepende" e pelo Evangelho se redime.

Nota: Parábola semelhante à da Dracma Perdida.

A Figueira que Secou

Passando por uma figueira que não tinha frutos, porque não era tempo deles, Jesus a amaldiçoou e ela logo secou. Os discípulos estranharam o fato e confessaram mais tarde que não entenderam o gesto de Jesus. Se não era tempo de frutos, por que foi amaldiçoada?

Mas consideremos que ele estava com os discípulos, em trabalho de ensinamento, nos campos próximos da cidade. O que fez foi para adverti-los de que, como discípulos, deviam produzir sempre bons frutos, sem preocupação de tempo, data ou lugar; sempre aptos a fornecer o alimento espiritual de que os homens careciam; caso contrário, poderia suceder que, à hora de maior necessidade, não se encontrassem preparados para prestar a cooperação indispensável.

A Semente que Brota

O trabalhador lança a semente à terra e a cuida de noite e de dia, e a semente brota e o broto nasce e cresce, sem ele saber como. Mas é porque essa é a Lei de Deus na Natureza e sempre que o homem se conduz de acordo com essa lei, colhe bons resultados; e quando chega a hora da ceifa, esta é feita sem mais demora.

E a ceifadora é a morte.

O Bom Pastor

As ovelhas conhecem o pastor, ouvem a sua voz e o seguem para onde as levar; mas não seguem a estranhos, porque não conhecem a sua voz.

Jesus é o bom pastor que se sacrifica por suas ovelhas, e morre por elas. Tem outros rebanhos em outros lugares, mas cuida delas com amor e as levará ao redil com segurança, para que nenhuma se perca e para que haja um só rebanho e um só pastor.

Capítulo 35

O SERMÃO DO MONTE

Junto à cidade de Cafarnaum havia um morro — o Kurun Hatin — com vasta plataforma em um dos flancos, a mais ou menos 50 metros de altura, que podia conter centenas de pessoas.

Naquela tarde, sendo sabido que o rabi galileu ia pregar naquele monte, para lá se dirigiu muita gente, da própria cidade e das imediações. Aos poucos formou-se uma grande assistência.

Havia ali escribas e intérpretes da Lei, uns que compareciam para, disfarçadamente, vigiar a Jesus, por ordem do Sinédrio, como faziam por onde quer que Ele andasse; outros, porque o admiravam e queriam aprender a doutrina consoladora que Ele pregava; e a maioria por ser necessitada e sempre esperar atendimento às suas dores e sofrimentos morais e materiais.

À medida que chegava, a multidão ia-se separando instintivamente: os chaverins, gente da alta, se agruparam de um lado e os amharets, os homens da terra, permaneceram de outro, mais afastados, tendo o grupo de doentes do lado.

O sol descia lentamente para o poente rubro de luz e a expectativa da multidão tocava ao máximo, quando Jesus chegou, acompanhado de seus discípulos, saudando para um e outro lado, enquanto passava e, finalmente, abrigou-se ao fundo, sob um dos ciprestes ali existentes, rodeado de seus discípulos. Cobriu-se com o tallit e começou logo a pregar.

Nesse sermão que, por si só, representa um código de moral religiosa de alta significação espiritualizante e que é a parte culmi-

Edgard Armond

nante de sua pregação, Jesus estabeleceu o sistema fundamental de sua doutrina que, futuramente, viria a ser chamada de Cristianismo.

Nele, contradiz formalmente a suposição geral de ser um Messias político, como desejo e esperança da Nação, afirmando, positivamente, que Seu reino não era deste mundo.

Pregou as oito Bem-aventuranças que são: a dos pobres de espírito, a dos que choram, a dos mansos de coração, a dos que têm fome de justiça, a dos misericordiosos, a dos limpos de coração, a dos pacificadores e a dos perseguidos e injuriados.

Referindo-se aos Dez Mandamentos da Lei de Deus, recebidos por Moisés no Sinai, há vários séculos, mas que permaneciam ainda como base religiosa dos judeus, ampliou o 5.º mandamento — **não matar** — proibindo a ira, o rancor, a vingança e recomendando a reconciliação com os inimigos; aumentou o 6º mandamento — **o adultério** — condenando qualquer pensamento, ato ou desejo contrários à fidelidade conjugal; estendeu o conceito da sinceridade e da honestidade, proibindo os juramentos em nome próprio ou da Divindade, bastando afirmar as coisas como elas são: "seja o teu falar sim sim, não não"; condenou a pena de Talião, recomendando a tolerância e o perdão sistemáticos, inclusive para os inimigos, visto que os homens são todos irmãos, na fraternidade universal e na paternidade de Deus; condenou também a hipocrisia, a simulação, porque a caridade não deve ser ato de ostentação, mas de amor verdadeiro ao próximo, ao qual se deve assistir sem alarde; como, também, render culto a Deus sem exibição; ensinou o desprendimento dos bens do mundo, que são transitórios; como também não se inquietavam os homens com as necessidades materiais da vida, porque o Pai as provê, segundo os méritos e as conveniências evolutivas de cada um; chamou a atenção para os falsos profetas enganadores; para a necessidade da oração, e mostrou o destino glorioso dos fiéis e o castigo dos insensatos, os primeiros edificando sua vida espiritual sobre a rocha da fé e do amor e os últimos sobre as areias movediças e ilusórias do mundo material.

Ao falar sobre a prece, ensinou o Pai Nosso, essa singela e comovente oração, profunda e perfeita, "que contém um ato de fé, de amor e de confiança em Deus; que manifesta três desejos da alma: a glorificação do Senhor, a expansão do Reino de Deus e a submissão do homem à Sua vontade soberana e justa; expressa três pedidos diferentes, a saber: para nossa miséria material, nossas falhas espirituais, nossos erros e fraquezas; e proteção contra as tentações do mundo e as influências maléficas".

Na conceituação espírita eis a interpretação desta prece:

Pai Nosso que estás no céu santificado seja o Teu nome

Como o nome de Deus é santificado por si mesmo, expressamos somente o desejo de santificá-lo em nós próprios pelos nossos atos, virtudes e pensamentos.

Venha a nós o Teu reino

Como o Reino não virá a nós, na prece declaramos o nosso propósito de conquistá-lo, tornando-nos dignos dele. Deus está sempre presente, mas não desce; a nós cabe subir.

Seja feita a Tua vontade assim na Terra como no céu

Encarnados ou desencarnados, submetemo-nos às leis e à vontade de Deus em todos os sentidos, para que nossa conduta seja perfeita e progridamos.

O pão nosso de cada dia dá-nos hoje

Não devemos nos preocupar em amealhar fortuna material porque o necessário, segundo nosso programa encarnativo, sempre nos será dado.

Perdoa as nossas dívidas assim como perdoamos aos nossos devedores

Todos nossos erros e transgressões às leis de Deus devem ser resgatados nas vidas sucessivas, nas reencarnações, e dependem de nossa própria conduta e livre-arbítrio, pensamentos e atos e não do perdão de Deus; e como todos erramos, por ignorância das leis es-

Edgard Armond

pirituais, devemos perdoar nossos irmãos daquilo que nos fizerem, porque nos cabe amar nosso próximo como a nós mesmos.

Não nos deixes cair em tentação e livra-nos do mal

Enquanto não evoluirmos, derrotando a ignorância e conquistando virtudes morais cristãs, não ficaremos livres das tentações do mundo inferior e cabe a nós libertarmo-nos dessas falhas, e não a Deus; este será o único meio de nos livrarmos do mal, que não existe por si mesmo, sendo, simplesmente, ignorância, desconhecimento ou desprezo do Bem. Evangelizando-nos, ficaremos livres de todos estes males e conquistaremos paz interior, perfeição espiritual e, por fim, o Reino de Deus.

A impressão deixada pelo Sermão foi extraordinária e se manifestou de muitas formas: os chaverins, escandalizados, murmuravam entre si, consultando os rolos das Escrituras que levavam em mãos, justamente com o intuito de confundir Jesus, apontando as divergências que porventura manifestasse sobre a Tora, e que não eram poucas, considerando-se os textos escritos e oficiais em vigor.

Quando Jesus disse: "amai aos vossos inimigos, aos que vos maldizem e caluniam, fazei o bem aos que vos odeiam e orai pelos que vos perseguem" (o que era fundamento de sua doutrina de amor e de perdão), o clamor elevou-se e diziam eles que aquilo era um absurdo, um ensinamento impraticável, sem base nas necessidades e conveniências da vida real.

E quando, falando sobre o divórcio (tema sempre apaixonante e delicado), Jesus disse: "Foi dito pelos antigos que quem deixar sua mulher dê-lhe carta de divórcio, mas eu, porém, vos digo que quem repudiar sua mulher, exceto em caso de prevaricação, faz com que ela cometa adultério e o homem que se casar com a repudiada, comete adultério"; neste ponto os fariseus, os escribas e os doutores da Lei não puderam mais conter-se e exclamaram bem alto: "de onde tirou Ele isso? Isso é contrário à Lei de Moisés. Quererá Ele ser maior que Moisés?".

O *Redentor*

Essa indignação dos chaverins em parte se explicava porque, na Palestina e países vizinhos, naquele tempo, o marido era incontestavelmente o senhor e a mulher propriedade sua; e a dissolução do vínculo se dava à vontade dele, a seu bel-prazer; quando não queria mais a mulher, despedia-a, simplesmente, dando-lhe uma carta de divórcio, que significava sua liberdade e autorização legal para casar-se de novo, amparando-se a outro homem, para não ser considerada adúltera e ficar ameaçada de apedrejamento. Para evitar a expulsão, nos casos de esterilidade (que para os judeus, era uma desgraça, um opróbrio) a esposa muitas vezes providenciava uma concubina para o marido, continuando, em entendimento prévio, no seu posto, cuidando da casa; e os filhos que houvesse com a concubina, eram considerados seus próprios, porque a esterilidade dava ao marido o direito de repudiar a mulher sem mais formalidades.

E quando, prosseguindo, Jesus falou sobre o modo pelo qual o Pai Celestial alimenta as aves e veste as flores do campo, os chaverins prorromperam em gritos, acusando-o de estar aconselhando ao povo o desinteresse pelo trabalho, o que redundaria em malefícios sociais para a nação; quando falou que não se pode servir a dois senhores, a Deus e a Mamon, gritaram que Ele estava pregando a subversão da ordem e a desorganização do trabalho; que a doutrina que pregava enfraquecia os homens, desvirilizava-os, alterava os valores morais conhecidos; transformava os defeitos em virtudes; tratava-se, pois, de uma doutrina revolucionária, incompatível com a existência da nação judaica.

Mas para o lado dos homens do povo e dos miseráveis, carentes de tudo, o efeito foi radicalmente oposto: nasceram alegrias e esperanças novas, que se marcavam no rosto de todos, e gritos de júbilo e exclamações explodiam entre eles, glorificando a Jesus.

Quando, terminado o Sermão, Jesus, exausto, quis afastar-se, o povo o envolveu, aclamando-o e foi necessário que os discípulos o arrancassem dali, quase carregando-o nos braços.

Capítulo 36

ABANDONO DA GALILÉIA

Como viu que se aproximavam os dias derradeiros, dedicou-se Jesus, mais diretamente, à instrução pessoal dos discípulos.

Foi com eles para o norte, chegando até a Cesareia de Felipe onde os discípulos, admirados daquela grande cidade, construída em estilo romano, saíram a passear, misturando-se com o povo.

Ao regressarem, Jesus perguntou o que, porventura, diziam d'Ele. Responderam que ouviram muitas versões: uns diziam que, como Ele era pobre e vivia rodeado de pobres, na certa que não era o Messias redentor de Israel, que todo o povo esperava; outros diziam que, como Ele fazia milagres, devia ser um profeta poderoso, como os antigos; outros pensavam que Ele era o profeta João Batista, que voltara ao mundo; havendo ainda outros que afirmavam que Ele era o próprio Elias, que vinha na frente para anunciar o Messias verdadeiro.

Então Jesus perguntou o que eles, os próprios discípulos, pensavam a respeito. E como, tomados de surpresa e indecisão, emudecessem, Pedro adiantou-se e respondeu que Ele era o Cristo, o Filho de Deus vivo, ao que Jesus logo esclareceu dizendo que Pedro não dissera aquilo por conhecimento próprio, mas sim por inspiração do Alto, demonstrando, assim, ter virtudes de espírito e dons proféticos; e que, essa revelação seria a base sobre a qual se desenvolveria a propagação de seus ensinamentos na Terra.

O Redentor

Acrescentou que teria de ir para Jerusalém, onde sofreria a morte pela mão dos homens, como estava predito, e que ressuscitaria ao terceiro dia; que estava próximo que tudo isso acontecesse e que, se realmente desejavam ser seus discípulos, que renunciassem a si próprios, tomassem cada um a sua cruz e o seguissem, pois que seu reino não era deste mundo.

🖰

Regressando, em seguida, a Cafarnaum, Jesus despediu-se da Galileia e foi para a Judeia, nas vésperas da festa dos Tabernáculos.

Como já dissemos, a Judeia era uma terra calcária, árida, terra de vinhedos, oliveiras e figueiras, em cujo centro geográfico está a cidade de Jerusalém.

A festa dos Tabernáculos era celebrada em memória dos quarenta anos que os israelitas viveram no deserto, sob tendas, conduzidos por Moisés; e também como ação de graças pela última colheita e, ainda, como um pedido coletivo do povo para que chovesse na próxima semeadura.

Os homens sãos, durante os sete dias da festa, deviam viver em tabernáculos, que eram tendas armadas nos vinhedos, ou nos terraços existentes no cimo das casas.

No Templo de Jerusalém havia cerimônias diárias e, no último dia, o sacerdote, em procissão, tomava água na Fonte de Siloé, derramava-a junto ao altar e, em redor deste, circulava sete vezes, empunhando ramos.

🖰

Chegando a Jerusalém, Jesus penetrou no Templo, quando a festa ia em meio e começou logo a pregar no Pátio dos Gentios, apesar de já estar muito avolumada contra Ele a campanha dos sacerdotes, havendo sido, mesmo, iniciado no Sinédrio uma investigação oficial contra Ele, sua conduta e seus ensinamentos públicos.

Nesses dias, quando entrava no Templo, era sempre rodeado por muita gente e, invariavelmente, surgiam tumultos provocados pelos agentes do Templo, na tentativa nunca conseguida de, afinal,

Edgard Armond

obterem provas contra Ele. Acerbas discussões tinha Ele que sustentar com seus opositores solertes, e era doloroso ver a atitude mordaz, hostil, às vezes agressiva destes, enquanto Ele, serena e piedosamente, abria os braços ao povo, unicamente clamando por paz e pela redenção de todos.

Durante aqueles meses de inverno, permaneceu na cidade, pregando e curando, comparecendo diariamente ao Templo e, pela tarde, desaparecendo para os lados da cidade baixa onde, na maior parte do tempo, convivia em meio aos necessitados; seu nome foi se tornando cada vez mais popular, a ponto de criar sérias preocupações ao sumo-sacerdote.

Por outro lado, como corria livremente a notícia de que Ele era considerado o Messias de Israel, tornava-se cada vez mais um elemento julgado perigoso, ameaçador para o regime sacerdotal.

Após os trabalhos e as canseiras do dia, retirava-se para o Monte das Oliveiras, ou qualquer outro lugar reservado, onde pernoitava, sempre acompanhado de seus discípulos fiéis e comumente era visto na casa de Simão — o leproso — no Beth-Ini.

Capítulo 37

ÚLTIMOS ATOS NO INTERIOR

Ao fim do inverno foi para a Pereia, atravessando o rio.

Ao passar por Jericó, convocou grande número de seus aderentes e entre eles elegeu 70 discípulos para, juntamente com os doze apóstolos, evangelizarem o povo. A todos abençoou e forneceu instruções pormenorizadas, recomendando que se limitassem a pregar aos filhos de Israel, porque se conseguissem instilar nesse povo, profundamente místico e obediente, os preceitos elevados de sua doutrina de amor e salvação universal, estaria ela fundamentada, indefinidamente, na rocha da fé; quanto aos gentios, bem o sabia Ele, haveria novas oportunidades, no futuro, pelo esforço de outros emissários.

Repartiu-os em três grupos, a saber: um, para pregar no litoral, entre Jope e Cesareia do Mar; outro, para as povoações do sul da Judeia e o último, para as comarcas do Além Jordão, na Pereia e na Itureia.

Em Jericó, pregando, narrou a parábola do Bom Samaritano, que já interpretamos atrás, visitou Zaqueu a convite deste, ali permanecendo alguns dias, findos os quais foi para Betânia da Judeia, hospedando-se na casa de Lázaro e de suas irmãs Marta e Maria.

Nessa localidade permaneceu dois meses, aguardando o regresso dos discípulos. Quando estes chegaram, narraram-lhe os

Edgard Armond

acontecimentos da pregação e das viagens feitas e as curas que operaram e os Espíritos malignos que tinham conseguido expulsar. Jesus ouviu-os pacientemente até o fim, quando então advertiu-os contra o orgulho dizendo-lhes: "Não vos regozijeis de que os Espíritos malignos hajam fugido ao vosso mandado, mas sim de que vossos nomes estejam inscritos no céu, pelo que fizestes de bom".

Dali, foi com os discípulos a Jerusalém e em seguida, voltou a Pereia, região que percorreu rapidamente, pregando e operando curas. São desses dias as curas da **mulher encurvada**, as pregações sobre o **número dos eleitos**, sobre os **primeiros lugares**, os **convidados descorteses**, e sobre as condições exigidas para ser discípulo, como também as parábolas da **ovelha desgarrada** e da **dracma perdida**, do **filho pródigo** e do **bom uso das riquezas**.

Em seguida, subiu o rio até as alturas de Citópolis, marginou o Jordão pela Samaria, até o caminho de Tiberíades, e desse ponto, voltou para o sul em plena atividade missionária.

São desses dias o episódio dos **dez leprosos**, o **juiz iníquo**, o **fariseu e o publicano**, o **jovem rico**, os **trabalhadores da vinha**.

Como a Páscoa se aproximava, Ele também foi se aproximando de Jerusalém, entrando de novo na Pereia, permanecendo algum tempo na aldeia de Efraim, ao norte da capital.

Uma tarde em que estava em Betabara, veio um emissário das irmãs de Lázaro, dizendo que este estava em perigo e pedia socorro. Respondendo ao emissário disse: "esta enfermidade não é de morte, mas foi ordenada para glória de Deus e de seu Filho".

Dois dias depois seguiu para lá, onde encontrou as irmãs desoladas, porque Lázaro já havia morrido e estava encerrado na tumba. Logo ao chegar, disse à Maria: "Teu irmão ressuscitará". Ao que ela respondeu que sim, que ressuscitaria como todos, no **último dia**. Mas Jesus corrigiu dizendo: "Eu sou a ressurreição e a vida.

Aquele que crê em mim ainda que morto, viverá e todo aquele que vive e crê em mim, não morrerá jamais".[35]

---

[35] Maria de Betânia, não confundir com Maria de Magdala.

O Redentor

Não queria dizer com isso que Lázaro estava morto e que ressuscitaria seu corpo físico porque, depois de realmente morto, nenhum corpo material, desfeito, ressuscita. Aliás, quando lhe levaram o aviso em Betabara, já dissera que aquela enfermidade não era de morte, querendo dizer que o corpo não estava morto, mas somente em estado semelhante à morte, em transe, ou em estado cataléptico, no qual provavelmente fora posto pelos Espíritos desencarnados, para testemunhar o poder espiritual do Messias e como motivo de ensinamento sobre a imortalidade da alma.

Em chegando, perguntou onde haviam depositado o corpo e o conduziram a um local fora do povoado, onde, em uma caverna de pedra, estava o corpo, há quatro dias. Manda que removam a laje que fechava a porta e, isto feito, viram o corpo estendido sobre uma mesa baixa dentro da gruta.

Jesus então concentrou-se em prece e logo depois exclamou: "Lázaro, vem para fora". A esse chamamento, viram o corpo estremecer e ir se levantando aos poucos, caminhando para fora, envolto nos panos mortuários que lhe embaraçavam os passos. Jesus, então, mandou que lhe tirassem essas faixas e assim, livre, Lázaro saiu, viu Jesus e atirou-se a seus pés.

Quando a tremenda notícia da **ressurreição** chegou a Jerusalém, os sacerdotes do Templo ficaram assustados e temerosos de suas consequências na mente do povo. Somente um grande e verdadeiro Profeta poderia fazer coisa semelhante e o povo provavelmente se levantaria para aclamar esse rabi como seu chefe espiritual. Este acontecimento ainda mais reforçou, no Espírito deles, a decisão de eliminar concorrente de tal envergadura que, a qualquer momento, poderia transformar-se em muito séria ameaça política.

De Betânia, faltando cinco dias para a Páscoa, Jesus partiu para a cidade, pouco distante daquela aldeia. Formou-se um cortejo, que se foi engrossando no caminho, à medida que o povo ia sabendo que era o rabi de Nazaré que vinha chegando, para resgatar Israel de seus sofrimentos e assumir seu reinado no Templo.

Edgard Armond

Ao aproximar-se da cidade, Jesus se deteve e pediu a dois dos discípulos que fossem adiante e lhe trouxessem um jumento, para que entrasse na cidade montado, conforme estava predito nas Escrituras; e quando o animal foi encontrado e veio, os discípulos estenderam no seu lombo algumas capas e Jesus sentou-se sobre elas, de um só lado, e assim a procissão prosseguiu, penetrando na cidade e encaminhando-se para o Templo.

Os acompanhantes cantavam hinos e aleluias em honra de Jesus, clamando: Hosana! Eis o nosso rei-messias! O filho de Davi! Dançavam à frente do cortejo, agitando ramos, que haviam arrancado do arvoredo no caminho, em sinal de alegria. Assim foram até ao Templo onde a multidão esperava que houvesse algum acontecimento extraordinário e que Jesus, com uma só palavra ou um só gesto, derrubasse o reinado dos Hanan e o poderio dos invasores romanos; e, na sua ingenuidade, também esperavam que naquele momento Jesus declarasse a libertação de Israel, inaugurando seu reinado de Messias nacional.

Mas nada disso aconteceu: ao defrontar o edifício, Jesus desceu do jumento e penetrou no Templo em silêncio. Após aguardar longo tempo, a multidão se dispersou desiludida.

Capítulo 38

ÚLTIMOS DIAS EM JERUSALÉM

Na véspera desse dia, Pilatos — o procurador romano — tinha chegado de Cesareia do Mar e seu cortejo atravessara a cidade, debaixo do rumor estrídulo da fanfarra da legião, entrando na Fortaleza Antônia e no mesmo dia, com não menor aparato, chegara Herodes Antipas, que se fechara no seu palácio, para fugir do povo que o odiava.

Na cidade, mais que de costume, havia desusado aparato militar, o mesmo sucedendo com a guarda do Templo porque, três dias antes, o Sinédrio havia se reunido para providenciar sobre desordens provocadas na cidade baixa por um patriota exaltado chamado Bar Aba e, também, para tomar ciência dos últimos acontecimentos ocorridos desde a suposta ressurreição de Lázaro.

Bar Aba era um homem do povo, originário da cidade de Jopa, onde exercia o ofício de remador de botes. Ali já se revoltara contra as autoridades, porque lhe tomaram o bote, para indenização de impostos não pagos. Era ignorante, falador, truculento, mas dotado de muita coragem e espírito de iniciativa.

Como represália, fez-se salteador de estradas, em cujo novo ofício ganhou fama mas, ultimamente viera para Jerusalém incógnito e trabalhava na cidade baixa, no vale do Kidron, junto aos cameleiros das caravanas. Tinha sido preso na véspera, pelos soldados romanos, juntamente com vários de seus apaniguados, por fomentar desordens.

Edgard Armond

Quanto a Jesus, o Sinédrio resolvera prendê-Lo somente após as festas, para evitar possíveis demonstrações populares. Mas, aceitando proposta de Nicodemo, um dos seus membros mais acatados, deliberou preliminarmente, nomear uma comissão para interrogar o Rabi sobre suas pregações e dar parecer com urgência.

O encontro com a comissão deu-se no próprio Templo, no mesmo dia, e Jesus confirmou tudo o quanto ensinara antes, bem como suas declarações referentes à tarefa messiânica. Com isso, ao invés de ser aplacado, ainda mais se acirrou contra Ele o ódio dos sacerdotes.

Às vésperas da Páscoa quando, de acordo com a Tora, os discípulos deveriam preparar a ceia tradicional, assando o matzot (pão chato e carne de carneiro) e o seder (bebida composta de vinho e ervas) foi discutido sobre o local onde a ceia se realizaria. O Evangelho não o diz, mas fala sobre um cenáculo; porém Marcos 14:13 e Lucas 22:12 referem-se a um carregador de água, como o incumbido desse problema.

Já nos referimos atrás, ao aguadeiro Hillel, essênio que morava em um dos nichos da Muralha de Davi, e onde se agasalhavam os galileus e os essênios quando vinham a Jerusalém. Para esse local os discípulos levaram todos os preparativos e ali a ceia se realizou. Nada há a estranhar sobre esse local, porque Jesus não tinha entrada em casas ricas, não só por ser considerado revolucionário perigoso, herético, desrespeitador da Lei, como também porque seu convívio mais constante era com os pobres e os miseráveis da Cidade Baixa.

Nessa ceia, fez suas promessas e instruções finais, inclusive sobre o envio do Paracleto — o Consolador —, nos dias futuros; anunciou, mais uma vez, sua morte e o julgamento da humanidade no tempo justo e, sabendo que Judas já havia entrado em entendimento com os sacerdotes do Templo para entregá-Lo às suas mãos, recomendou a este, discretamente, que "o que tinha a fazer, fizesse logo". (João 13:27)

Com a partida de Judas ficaram todos mais na intimidade e Jesus deu aos onze as últimas recomendações; despediu-se deles e, em seguida, partiram todos para o Monte das Oliveiras.

O Redentor

De caminho, advertiu aos discípulos que, naquela noite, todos seriam postos à prova e falhariam, para que se cumprisse também nisso as Escrituras que diziam: "ferirei o pastor e as ovelhas se dispersarão". Ouvindo isso, os discípulos protestaram fidelidade e Simão asseverou que o seguiria até a morte e jamais o abandonaria. Mas Jesus respondeu que gostaria que assim fosse, mas que antes que o galo cantasse três vezes, naquela noite, ele o negaria também três vezes, o que realmente, horas depois, aconteceu.

Chegando ao Jardim do Getsêmani, Jesus retirou-se para um lugar reservado e silencioso e mandou que os discípulos velassem, permanecendo por ali ao redor dele, porque a hora das aflições tinha chegado. E, realmente, a partir desse instante, todas as coisas se precipitaram, com uma rapidez terrível, até o momento triste da cruz.

Capítulo 39

O ENCERRAMENTO DA TAREFA PLANETÁRIA

Judas de Kerioth

Desde o dia em que, em Cafarnaum, Jesus foi declarado transgressor da Lei e inspirado por Satã, Judas começou, espiritualmente, a afastar-se d'Ele.

Possuidor de maior cultura que os demais discípulos e dotado de imaginação fértil, porém doentia, meditava profundamente sobre tudo o quanto via e ouvia, tanto no círculo dos próprios discípulos, como no meio do povo e, por fim, já não mais sabia se Jesus era ou não o Messias esperado.

Penetrou, assim, no terreno tormentoso da dúvida, aprofundando-se nele, dia por dia, até que, com a entrada auspiciosa de Jesus em Jerusalém, naquela Páscoa, vendo o povo confraternizar com os discípulos no caminho da Betânia, cantando hosanas, encheu-se novamente de esperanças.

Foi um dos que mais depressa estendeu sua capa no chão para que o Messias passasse; um dos que, na sua enorme alegria, mais dançou à frente do cortejo; um dos que mais alto gritou: "Hosanas ao Filho de Davi! Glória ao nosso rei-messias". Quando viu, apavorado, que Jesus, ao chegar ao Templo, nada fez para assumir o poder que o povo estava pedindo, descendo do jumento silenciosamente e desaparecendo no meio da multidão que enchia o Templo, sua decepção foi profunda e todos os seus sonhos de ambição e glória desmoronaram.

O Redentor

Tinha errado mais uma vez. Jesus de Nazaré não podia ser o salvador de Israel, o rei nacional, sendo simplesmente um profeta do povo humilde. Assim sendo, pensava ele, não tinha sido ludibriado nas suas esperanças, seus esforços, sua dedicação de vários anos? Não perdera todo o seu tempo, fazendo-se discípulo daquele rabi?

Encostado a uma das colunas da galeria do Templo, junto à Porta Dourada, um grande desespero apoderou-se dele e maldisse em alta voz, sem o perceber, a sua infelicidade. Com a exuberância de gestos que lhe era própria, repuxava os cabelos e a barba e batia no peito murmurando: infeliz, infeliz!

Penetrando, assim, no campo da invigilância, nesse momento as forças do Mal, das quais já se vinha tornando um alvo vulnerável, se apoderaram dele; ficou hirto e frio, um suor viscoso caía-lhe da testa sobre o rosto enquanto espuma amarelada como fel começou a escorrer pelos cantos dos lábios brancos e cerrados.

Mas estava sendo observado por um sacerdote menor do Templo, que o conhecia como discípulo de Jesus e que aproximou-se rapidamente, tomou-o por um braço e o levou consigo para o interior, onde foi logo posto na presença do sgan Jochanan, superintendente geral do Templo que, a sua vez, o levou discretamente à presença do velho e astuto Hanan.

Da conversa que tiveram e do entendimento que foi feito em segredo, resultou a traição nefanda que o Evangelho perpetuou na sua narrativa; mas o canal mediúnico revelou em nossos dias que, na presença de Hanan, e já passada, em parte, a crise nervosa que o envolvera, Judas relutou em trair o Mestre sendo, por fim, convencido por uma série de argumentos, dentre eles este de que o próprio Jesus já declarara a seus discípulos que, para cumprir as Escrituras, deveria ser entregue ao Sinédrio para ser morto; porém o que o Sinédrio desejava era retirar o rabi da circulação naqueles dias da Páscoa, para evitar que houvesse tumulto e os romanos chacinassem o povo, como era costume acontecer; e que ele, Judas, receberia umas trinta moedas de prata, para afastar-se logo de Jerusalém. A estes argumentos e com a promessa de que nenhuma referência se faria a ele no processo, que sabia já estar iniciado contra seu

163

Mestre e seus discípulos, Judas aceitou o acordo e passou a estar, daquele momento em diante, à disposição do Sinédrio.

Também se sabe que recebeu o dinheiro, conforme estava também predito nestes termos "trinta siclos de prata serão o seu preço...".[36]

Prometeu entregar seu rabi no momento oportuno e, a partir daí, viveu todas as suas horas debaixo de um transe permanente e doloroso, sem poder dormir nem comer, presa fácil de forças tremendas que o dominaram completamente.

Assim, três dias depois, quando Jesus, à ceia pascal, virando-se para ele disse, num murmúrio que só ele ouviu "o que tens de fazer, faze-o logo", mecanicamente obedeceu, levantando-se em silêncio e saindo.

Com os olhos vermelhos e saltados das órbitas, barba e cabelos revoltos, a capa esvoaçante a se enrolar nas pernas magras, lá se foi ele, o pobre discípulo infeliz, a caminho do Templo, para remate de uma tarefa que o transtornava além de toda compreensão.

— Não aguento mais, exclamava, tropeçando pelo caminho. Salva-me, Senhor, deste tormento...

E a figura majestosa do velho Hanan estava à sua frente, dizendo, untuoso: "nós o prenderemos somente durante os dias de festa". E o Mestre, severo, na sua voz cansada e triste acrescentava: "o que tens de fazer, faze-o logo; vai depressa..." Mas era o Maligno, compreendeu ele depois, que o estava empurrando para a desgraça.

E assim penetrou no Templo, dando aos sacerdotes a indicação de que o rabi naquela noite estaria com os discípulos no Jardim do Getsêmani após a ceia.

Como já dissemos, Judas era oleiro e natural de Kerioth, povoação situada a 35 quilômetros a sul de Jerusalém. Era o único

---

[36] Um siclo de prata valia 1/7 da atual libra esterlina. Jesus foi vendido por 30 siclos, mais ou menos 4 libras. Siclo era uma das moedas judaicas da época, sendo as outras, algumas delas citadas na Bíblia, as seguintes: denário ou dracma, valia 8 dinheiros; mina, valia 4 libras; Shekel de prata, valia 2,5 libras; maneh de prata, valia 7 libras; maneh de ouro, valia 103 libras; talento de prata, valia 400 libras;talento de ouro, valia 6.200 libras.

O Redentor

judeu entre os doze. Moreno, alto, magro, barba grisalha, era um indivíduo sempre inquieto, gesticulador, que caminhava angulosamente; profundamente místico, visionário, impulsivo e sujeito, como já dissemos, a transes e perturbações psíquicas; um tipo bem definido, bem caracterizado de médium descontrolado, como muitos que vemos nos dias de hoje. Dentro do drama crístico, tão cheio de lances dolorosos e heróicos, esta foi a parte que tocou a Judas, o discípulo que mais sofreu durante a vida encarnada de Jesus e aquele que até hoje carrega nas costas a cruz desta fanática e ignara maldição popular, com o peso insuportável dos pensamentos de ódio e vingança que, ano por ano, em toda a cristandade se manifestam.

Segundo o que se sabe, a carga terrível da maldição, de há muito, no plano espiritual, já lhe foi tirada das costas e hoje Judas é um Espírito liberto, dotado de imensa humildade, consciente do tremendo erro que cometera.

Capítulo 40

PRISÃO E DISPERSÃO

    Pilatos, como já dissemos, estava na cidade, tendo vindo de Cesareia do Mar. A coorte romana tinha sido reforçada por causa do ajuntamento de povo na Páscoa, quando qualquer tumulto poderia degenerar em rebelião contra Roma.

    Ele, como responsável e representante de César, não tolerava distúrbio algum, conspiração alguma, ou coisa parecida, e afogava em sangue qualquer tentativa ou gesto de rebeldia ou independência por parte dos judeus. Estava ao par do ódio que estes devotavam aos invasores romanos e de suas aspirações de libertação política, territorial e econômica pela mão do Messias nacional que, segundo corria, já estava presente, em algum lugar, pronto para assumir o poder.

    Dias antes mandara prender o salteador Barrabás, que tinha vindo à Capital com numeroso grupo de bandoleiros; no cerco que mandara fazer ao local onde estavam, muitos foram mortos e o chefe estava agora acorrentado, no cárcere, aguardando julgamento.

    Foi então que soube da entrada espetacular de Jesus na cidade, acompanhado de uma multidão que o aclamava rei-messias. Imediatamente julgou haver ligação estreita entre os dois acontecimentos e, tomando informações, soube ser Jesus um profeta que gozava de extrema popularidade em todo o país, pregando doutrina estranha e hostil às Leis e costumes, já tendo sido, mesmo, declara-

O Redentor

do elemento perigoso por parte do Sinédrio. Por isso, mandou pedir ao sumo-sacerdote, a entrega do rabi galileu, para ser julgado por ele, no seu pretório, juntamente com o agitador Barrabás, antes do início das festividades.

Mas o sumo-sacerdote Caifás, genro de Hanan, ficou atemorizado, não só por se tratar de um rabi de Israel, que tinha prerrogativas, como por temer represálias do povo e tumultos que os romanos, como era sabido e certo, sufocariam impiedosamente, derramando sangue, como já acontecera em outras ocasiões. Por isso, contemporizou e, nesse ínterim, tendo-se dado a deserção de Judas e seu compromisso com o Templo, julgou poder prender o rabi em segredo, logo depois da Páscoa, sem qualquer complicação maior.

Mas, no dia da ceia, ao cair da noite, Pilatos insistiu avisando que no dia seguinte, pela manhã, julgaria Barrabás e queria ao mesmo tempo julgar o rabi, e que o sumo-sacerdote ficava responsável pela sua apresentação ao Procuratorium, sob pena de serem todos julgados cúmplices e responsáveis pelo que sucedesse.

Esta insistência de Pilatos era de caráter meramente policial--preventiva, para assegurar a ordem, ressalvando sua responsabilidade de delegado de César.

Com seus planos assim transtornados, Caifás convocou às pressas os membros saduceus do Pequeno Sinédrio, para uma reunião em segredo em sua casa. Cuidava agora de aproveitar a intervenção dos romanos para precipitar a prisão, justificando-a, caso houvesse distúrbios.

Apesar do sigilo da convocação, compareceu à reunião, à última hora, José de Arimateia, homem rico, essênio do 3º grau, fornecedor das tropas romanas e, por isso mesmo, pessoa achegada ao Procurador e respeitada pelo Sinédrio; compareceu também, nas mesmas condições, o rabi fariseu Nicodemo, ali representando, só com sua presença, todo o partido fariseu, não-convocado.

Desde o princípio, fortemente apoiado por Arimateia, Nicodemo tomou francamente a defesa de Jesus, mostrando as irregularidades da convocação e do julgamento que queriam fazer:

Edgard Armond

1º) pela impropriedade do local, porque a reunião só seria legal na própria sede do Sinédrio e não ali;

2º) porque entre a convocação, com seu motivo claramente revelado, e a própria reunião, deveria transcorrer um prazo legal que não fora obedecido;

3º) porque nenhuma reunião de julgamento tinha valor quando realizada à noite;

4º) porque não foram convocados todos os membros do Sinédrio, mas somente alguns saduceus.

Por estas e outras irregularidades, protestava contra aquela reunião de julgamento. Caifás então, habilmente, ladeou o problema, dizendo que nesse caso, transformava o julgamento em investigação e prosseguiu.

Nicodemo insistiu, dizendo que, se o crime imputado ao rabi galileu era de natureza religiosa, não era da alçada dos romanos, mas Caifás prosseguiu, retrucando que havia uma ameaça séria sobre todo o colégio sacerdotal, sobre toda a nação e, neste caso, mais valia entregar o preso, que resistir; mais valia, acentuou incisivo, que morresse um só que todos eles.

E encerrou a reunião decretando a prisão e a entrega de Jesus a Pilatos, imediatamente. Em consequência, foram dadas ordens e uma escolta formada de guardas do Templo e de romanos, foi reunida às pressas; e seriam quase onze horas da noite quando, guiada por Judas, a escolta dirigiu-se para o Jardim do Getsêmani.

Jesus ali penetrara no momento em que soavam ao longe as trombetas do Templo, anunciando o segundo quarto da guarda, isto é, nove horas, porque a noite era dividida em quatro vigílias de três horas, a começar das seis; ali permaneceu Jesus desde então, em constante oração.

Cruciantes foram para Ele tais momentos, quando sabia que se aproximavam rapidamente os últimos atos de sua dolorosa tarefa planetária. Pedira aos discípulos que permanecessem também

O Redentor

em prece, para ajudá-lo naquele transe, mas estes, dominados por estranho torpor, adormeceram todos. Por duas vezes foi até eles, e os acordou, pedindo que velassem, mas eles voltaram a adormecer, irresistivelmente.

Por duas vezes ajoelhou-se, tocou com os lábios as ervas do chão e suplicou ao Pai pela sorte deles, que eram os depositários e os futuros propagadores de sua obra de redenção humana e por fim, dirigindo-se aos três que estavam mais perto — Pedro, João e Tiago — e que lutavam contra o sono, disse-lhes:

— Podeis repousar agora, porque a hora chegou.

Já estava vendo a aproximação da escolta e pronunciou então com eles a oração dos israelitas: "ainda que caminhe no vale das sombras da morte, não terei nenhum temor porque Tu oh! Senhor! estarás comigo".

E ouviram-se já os passos da escolta se aproximando e, nas meias sombras que o luar fazia nos galhos do arvoredo, avançavam os vultos escuros dos guardas e legionários, cujas armaduras refletiam a luz clara que descia do céu.

Jesus então acordou a todos os discípulos, exclamando:

— Levantem-se, meus amados. A hora chegou em que o Filho do Homem vai ser entregue.[37]

E os discípulos foram despertando, estremunhados, para se defrontarem atônitos, com a escolta já parada a poucos passos. À sua frente estava Judas, com o semblante desfeito, mas resoluto, como quem tem o amparo do desespero.

— A quem procurais? perguntou Jesus.

— A Jeshua de Nazaré, responderam.

— Sou eu.

---

[37] "Filho do Homem" para os judeus queria dizer Messias, como está no livro de Daniel, o profeta do exílio.

Ao mesmo tempo, Judas aproximou-se de Jesus e beijou-o na face. Esse era o sinal combinado para dizer aos romanos que aquele era o homem a prender, porque os guardas do Templo, que estavam na frente, e que conheciam Jesus como um profeta poderoso, permaneciam imóveis, dominados pela majestade que já agora irradiava d'Ele.

E a pergunta foi repetida:

— A quem procurais?

E os guardas continuavam imóveis, terrificados, até que o comandante romano da escolta, impacientando-se, avançou e, colocando a mão no ombro de Jesus, prendeu-o, enquanto os soldados romanos o rodeavam e amarravam-lhes as mãos às costas.

Enquanto isso Jesus falou, perguntando:

— Por que viestes a mim como a um salteador, de noite, com espadas e bastões? Não estava eu diariamente junto de vós, no Templo, ensinando ao povo? Mas certamente ignorais que tal coisa sucede para que as escrituras se cumpram. E acrescentou: Esta é a vossa hora, a hora do poder das trevas.

E dirigindo-se ao chefe romano, pediu:

— Se é a mim que buscas, deixa ir a estes outros, que são meus discípulos.

Em seguida dali o levaram ladeira abaixo, enquanto os discípulos fugiram, espavoridos, desaparecendo nas sombras da noite, uns para Betânia, outros para diferentes lugares e Pedro e João acompanhando o cortejo, de longe.

Assim também se cumpriu a profecia do Senhor, pela boca de Zacarias, quando disse: "Ferirei o pastor e o rebanho se dispersará"!

Dali foi levado pela escolta ao sumo-sacerdote, que estava à espera em sua casa, o qual, sem perda de tempo, com aviso de extrema urgência, convocou o Sinédrio para aquela mesma noite; sua ansiedade era devido desejar fazer o julgamento legal, antes de entregar o preso a Pilatos na manhã seguinte.

Capítulo 41

TRIBUNAL JUDAICO

O Grande Sinédrio era composto de 72 membros pertencentes, pelo terço, a três ordens distintas de membros, a saber: a **dos príncipes sacerdotes**, que incluía o Sumo-Pontífice em exercício, seus antecessores e parentes mais ilustres, descendentes de Abraão, todos ambiciosos e céticos saduceus; a **dos escribas**, que incluía sábios interpretadores da Tora, fanáticos no sentido literal da Lei, pertencentes, na maior parte, ao partido fariseu; e a **dos anciãos**, recrutada entre os varões notáveis, civis e sacerdotes, pertencentes a um ou outro dos partidos, indiferentemente.

O Grande Sinédrio funcionava à entrada do Templo, no recinto chamado Câmara das Pedras Lavradas mas, naquela noite, devido à urgência, ainda reuniu-se na casa de Caifás, em um grande salão, com assentos colocados em meia-lua, com um trono ao centro, para o sumo-sacerdote; ao lado deste estavam dois lampadários e dois serventes com archotes, os juízes conselheiros e o promotor.

Estavam presentes Caifás, com seu manto de púrpura; no seu lugar, o velho Hanan, seu filho Eliezer, Jochanan, o sgan do Templo, e outros ex-pontífices, filhos de Hanan, todos ostentando também mantos de púrpura, porém mais curtos, com capinhas nos ombros. Junto ao pontífice, além dos serventes, estavam dois escribas, com seus estiletes em punho e lâminas de cera à frente, sobre mesinhas baixas.

Edgard Armond

Os Conselheiros do Tribunal postavam-se ao lado, em separado; eram homens veneráveis, dotados de grande saber e suas palavras eram sempre acatadas com respeito, mesmo quando não devessem ser atendidas, como era o caso presente.

Faceando o assento do sumo-sacerdote estavam os bancos dos rabis presentes, cujos discípulos também compareciam a esses julgamentos como recurso de aprendizado.

Sombras, fulgurações de luzes nos móveis da sala e a púrpura dos mantos, eram as tintas que davam ao ambiente um aspecto lúgubre e dramático, que contrastava fortemente com as vestes brancas e a serena compostura do rabi galileu, quando este foi levado pelos guardas e posto à frente do sumo-sacerdote, à uma hora da manhã daquela noite fria.

Para funcionar em crime de morte, o Sinédrio precisaria dos votos de 23 membros presentes e mais 12 apurados até 48 horas depois; porém ali, àquela hora, não havia mais que uns 20 deles, pertencentes às três ordens. Mesmo assim o tribunal funcionou.

As testemunhas foram sendo trazidas rapidamente: primeiramente o próprio Judas, que foi recusado porque, como delator, não podia testemunhar. Depois um homem do povo, que disse ter Jesus declarado que derrubaria o Templo e o reconstruiria em três dias sem auxílio humano; e outra, que depôs, dizendo que ouvira do rabi galileu a profecia de que o Templo não ficaria pedra sobre pedra; esta também foi recusada porque testemunhava sobre o mesmo fato já declarado, porém, de forma diferente, quando a Lei dizia que "duas testemunhas provam um fato quando são acordes e o narram da mesma forma". A última testemunha disse que Jesus interpretava a Lei de forma pessoal, mas os Conselheiros intervieram logo, dizendo que qualquer israelita podia interpretar a Lei segundo a sua compreensão, desde que não ofendesse a Deus.

Não havia, pois, elementos para condenação.[38]

---

[38] Nos julgamentos, as testemunhas deveriam ver os réus, mas sem serem vistas por estes. Por isso, naquela noite, não estavam visíveis e havia archotes colocados aos lados de Jesus, para poder ser facilmente identificado.

O Redentor

Mas Caifás, malevolamente, levantou-se e disse que neste caso, bastaria ouvir o próprio acusado para formar juízo sobre a transgressão; e dirigindo-se diretamente a Jesus, exclamou:

— "Em nome de Deus vivo eu te conjuro dizer se tu és o Messias, o Filho de Deus".[39]

E, no profundo silêncio que se fez, Jesus, calmamente, respondeu: "Tu o disseste. Mas eu agora vos digo que, de hoje em diante, vereis o Filho do Homem sentado à direita do Poder, vindo sobre as nuvens do céu".

Então Caifás gritou: blasfemou! E rasgou seu manto em várias tiras e os outros juízes rasgaram também os seus mantos, repetindo: blasfemou!

— Que necessidade há de mais testemunhas? perguntou.

A essa hora já havia mais de 23 juízes presentes, número, portanto, legal, e Caifás perguntou ao Tribunal:

— Qual o veredictum?

— Filho da morte, responderam.

E ele, levantando-se de seu trono, pronunciou a sentença:

— Que o rabi galileu, Jeshua de Nazaré, seja entregue a Pilatos.

— Que os poderes do céu resolvam a seu favor ou contra ele, segundo for verdadeira ou falsa a sua qualidade de profeta, acrescentou o velho Hanan, com o que também concordaram.

As luzes da madrugada do dia 14 do Nizan, véspera da Páscoa, vinham tingindo o horizonte, quando terminou o julgamento e Jesus foi levado da sala e entregue ao chefe da escolta romana que o havia prendido.

---

[39] Primitivamente os reis eram ungidos com óleo ao assumir o poder e eram chamados "machiach" (ungidos). Este termo mais tarde foi reservado para o príncipe, descendente de Davi, que viria salvar a raça, enviada por Jeová. Menahem e Bar Cocheba receberam este título.

Capítulo 42

O JULGAMENTO DE PILATOS

No relatório sobre Jesus, feito a Pilatos, por seus agentes, era posta em evidência sua qualidade de Messias nacional, e como ele ignorasse a significação do termo, explicaram-lhe que era o título religioso de um herói nacional judeu, destinado a libertar o país da ocupação estrangeira. Concluiu ele, então, erroneamente, que se tratava de um agitador, conspirador, revolucionário. Por isso, naquela manhã, ao lhe trazerem o rabi escoltado e de mãos amarradas para julgamento, ele imaginava muito claramente a situação: conspiração contra Roma.

O julgamento deu-se no pretórium, que era uma plataforma elevada no pátio aberto do interior do palácio de Herodes — antigo — onde se hospedava o Procurador.

Mas, tendo ocorrido já a notícia de que Barrabás — o conspirador e salteador — seria julgado naquela manhã e, juntamente, com ele o rabi de Nazaré, uma multidão composta, em sua maioria, de partidários do primeiro, aglomerou-se às portas do pátio, pedindo sua libertação.

A escolta trouxe em primeiro lugar o conspirador: um homem hercúleo, atarracado, feroz, cabeludo e cuja enorme cabeça pendia para um lado. Ao entrar, empurrado, um ritus de ódio repuxava-lhe a boca do lado esquerdo. Quando parou frente a Pilatos,

O Redentor

leram a denúncia, que era: "chefia de bando armado; ataque a viajantes em estradas e a casas ricas para roubar; reunião de armas proibidas e de gente para realizar um levante popular contra os romanos naquela Páscoa".

— Açoite e cruz — proclamou Pilatos, na sua voz sibilante; e que o corpo permaneça na cruz para os corvos.[40]

E quando vinham os guardas trazendo o outro preso — Jesus — um escravo ajoelhou-se ante Pilatos e entregou-lhe um bilhete de sua esposa Cláudia Prócula (enteada de Tibério) intercede do a favor de Jesus: "Não ergas a mão contra o homem justo", pedia ela.[41]

Pilatos examinou o preso parado à sua frente, em silêncio, e mandou ler a denúncia: "chefe espiritual do levante organizado por Barrabás. No caso de êxito, assumiria o poder nacional como o rei-messias".

— És então, o rei dos judeus? Perguntou Pilatos.

— Tu o dizes, respondeu Jesus.

Nos degraus de uma escadaria ali fronteira estavam de pé o velho Hanan, o Promotor do Sinédrio e outros assistentes diretos do sumo-sacerdote e, mais além, atrás das grades do portão do pátio, a multidão formada de aderentes de Barrabás.

— De que acusais este homem? perguntou Pilatos, dirigindose aos mensageiros do Templo.

— Blasfemou contra Deus, responderam. Alvoroça o povo e o incita à revolta, desde a Galileia, por toda a nação.

— Não vês que te acusam de tudo isso? Nada tens a dizer em tua defesa? perguntou a Jesus. Mas este guardou silêncio e permanecia imóvel, de olhos baixos.

---

[40] Os crucificados eram realmente abandonados nas cruzes e os corvos deles se alimentavam por muitos dias; porém, quando o corpo era reclamado por alguém, a lei romana autorizava que fosse retirado e entregue.

[41] Uma mulher judia, a seu serviço, pedira por Ele.

Edgard Armond

A esta altura, não só pelo que tinha ouvido ali como pelo pedido de sua esposa, Pilatos já havia percebido que estava enganado em relação ao preso e seu objetivo passou a ser, então, dar-lhe um castigo severo, mantê-lo preso durante as festas e soltá-lo depois.

— Não encontro culpa neste homem. Mas, lembrando-se que era costume soltar um preso em cada Páscoa, voltou-se para os assistentes e, julgando-se seguro de seu intuito, declarou:

— Em homenagem à vossa festa, quem desejais que ponha em liberdade: Barrabás ou o vosso rei?

Mas o velho Hanan, para ainda mais influir sobre a decisão, dirigiu-se à multidão dizendo bem alto:

— Ele se intitula Messias. Se de fato o fosse, teria poder para libertar-se a si mesmo. Deixemo-lo entregue ao seu próprio poder.

— Libertai Barrabás, gritou a multidão.

E Pilatos, indeciso ainda, perguntou ao povo:

— Que quereis que eu faça, então, do vosso rei?

Mas Hanan interveio logo, incisivo e maldoso:

— Ele não é nosso rei. É um impostor. Nosso rei é César. Crucificai-o.

Pilatos, percebendo o perigo da situação, lavou as mãos numa bacia de água, à vista de todos e determinou fosse o preso levado, açoitado e depois crucificado como rei dos judeus, porque esse, pelo que via, era o único motivo que poderia justificar tal condenação.

Capítulo 43

PARA O CALVÁRIO

Começou então a atormentação: açoites, bofetadas, zombarias...

Os soldados da guarda legionária, para se divertirem, entrançaram um ramo de espinheiro, formando uma coroa e a puseram na cabeça do preso inerme, com os espinhos enterrando na carne.

Mas Pilatos, que não gostava de Herodes e sabendo que o preso era galileu, portanto da jurisdição política do rei, que se achava, como já dissemos, hospedado em seu palácio da praça Hasmoneana, distante dali algumas centenas de metros, mandou levar-lhe o preso de presente, para que visse o que era ser rei dos judeus debaixo do guante romano.

Mas Herodes, esperto, compreendeu logo o perigo e, temendo a Pilatos, fingiu colaborar na farsa, mandando cobrir a Jesus, que estava seminu, com um manto de púrpura, e assim o devolveu a Pilatos, como a dizer que estava de acordo com a condenação.[42]

E o excelso condenado ia assim de um para outro dos seus algozes em silêncio, seminu, sofrendo tudo sem protestos. Porventura

---

[42] *O Talmude*, livro doutrinário judeu, declara que Jesus, o profeta galileu, foi condenado por crime de sedição, sob a fé de duas testemunhas!

Edgard Armond

não estava também predito por Isaías 53:7: "Ele foi oprimido, porém não abriu a sua boca; como um cordeiro foi levado ao matadouro e como a ovelha muda perante seus tosquiadores, assim não abriu a sua boca".

Mas enquanto estes fatos aconteciam, correra a notícia da condenação do rabi e muitos rabis fariseus se reuniram e foram, agrupados, ao Templo, protestar contra o fato e pedir a libertação do preso.

— Isto não está mais em nosso poder, respondeu o sgan Jochanan; o rabi já foi entregue a Pilatos.

— Irrita e nula foi a sentença do Sinédrio, insistiram eles. Desprezadas foram as leis da Tora. O sumo-sacerdote praticou um homicídio, entregando a Edon uma alma de Israel. A memória deste feito, acrescentaram, será recordada como um crime execrável até o fim dos tempos. Maldição sobre a casa de Hanan! Maldição sobre os filhos de Beitus![43]

Os rabis se retiraram e, nesse mesmo instante, Judas de Kerioth tendo conseguido varar o posto de guarda, por estar nesses dias vivendo às expensas do Templo, entrou no gabinete do sgan com o semblante desfeito, os olhos em fogo e atirou um saco de dinheiro sobre sua mesa de trabalho exclamando:

— Não quero o dinheiro maldito. Ficai com o dinheiro da abominação.

Pouco mais tarde, o povo debandou para cumprir os ritos da Páscoa e então os portões se abriram e saiu a escolta romana trazendo Jesus para a morte.

Tinham-lhe devolvido as vestes de uso comum. Vinha curvado sob o peso da cruz, muito grande e pesada para Ele, mostrando na fronte, caindo-lhe pelo rosto, os fios de sangue já coagulado,

---

[43] A família de Hanan, como já declaramos, descendia da estirpe dos Beitus, de Alexandria. O pontificado ficou 50 anos nessa família e cinco filhos seus foram sumo-sacerdotes e quando, em confirmação às palavras de Jesus, o Templo foi destruído até os alicerces pelos romanos, no ano 72, ainda era um Hanan que exercia o pontificado.

O *Redentor*

dos espinhos. Avançava com grande esforço, dobrado para a frente, recebendo sobre o dorso, toda vez que se retardava, contínuas vergastadas do açoite, que o comandante da escolta desferia, em pura e selvagem exibição de força. Suas vestes se colavam ao corpo ferido e suarento e seus pés iam deixando marcas sangrentas no chão por onde passava.

Enquanto a notícia corria, ia-se juntando gente no percurso e havia mulheres que choravam, impotentes, pedindo misericórdia para o flagelado.

De espaço a espaço, Jesus caía sob o peso da cruz e o chicote, então, silvava e continuava a bater até que Ele, com imenso esforço, se levantava de novo.

Na última vez que caiu, não mais se levantou e foram inúteis os açoites e a gritaria dos soldados; estava exausto. Alguns homens do povo, apiedados, tinham querido ajudar, mas os guardas os repeliram com violência, pensando que queriam tomar o preso.

Mas, desta vez, um homem que ia cruzando o caminho — Simão de Cirene —, amigo de Nicodemo, filiado essênio, que foi mais tarde membro da comunidade judaica-cristã de Jerusalém, surpreendido com o que via (pois ignorava o quanto se havia passado naquela noite), atravessou resoluto a fila dos guardas e sustentou a cruz nas mãos até que Jesus se refizesse; mas os guardas, irritados com as contínuas paradas e tendo recebido ordens prévias de agirem com rapidez, para não se imiscuírem os romanos na festa nacional, jogaram a cruz nas costas de Simão e foram tangendo a ambos, sob açoite, até o alto do Gólgota — a Praça das Caveiras — colina não muito distante dali e onde se crucificavam os condenados.

Muitos dos acompanhantes não subiram o morro, por causa das impurezas e dos esqueletos que ali haviam, amontoados, mas os mais interessados o fizeram e defrontaram com várias cruzes erguidas, algumas com os condenados ainda vivos, gemendo, pregados nelas.

Havia duas quase juntas, onde estavam dois condenados do bando de Barrabás e para ali os guardas seguiram, atropelando os presos. Atingindo o ponto, parou o cortejo; os soldados tomaram a cruz dos ombros de Simão, deitaram-na no chão imundo e trouxeram Jesus; despiram-No, deitaram-No sobre ela e a horrenda tortura começou, com o martelo a bater, cravando os pregos nas mãos e nos pés, sob as vistas indiferentes dos soldados da escolta, em pé, olhando... O corpo torturado estremecia de dor e a angústia da morte Lhe embranqueceu o rosto, mas os lábios estavam cerrados e da boca não saiu nenhuma queixa; o sangue escorria das feridas dos pregos, enquanto os soldados, brutalmente, aos trancos, levantavam o madeiro, colocando a ponta inferior sobre o buraco do chão, socando a terra em volta, metendo cunhas, para fixá-lo melhor.

E então começou a tremenda agonia do excelso crucificado, enquanto o dia ia tombando lentamente nos horizontes longínquos do deserto, para o lado sul, avermelhados por um sol rubro e escaldante. E deu de soprar um vento forte, que uivava nos morros e nas árvores e o céu foi-se escurecendo, alarmando a cidade.

Mas o tempo foi passando e tudo cessou e um grande silêncio caiu pesadamente sobre a terra. Quem subira ao morro já se retirara desanimado, perdidas as últimas esperanças de um milagre fulminante do céu, que salvasse o rabi. Junto à cruz somente permanecia a guarda e, mais afastado, um grupo de mulheres que chorava em silêncio.

E as horas continuavam a escoar-se naquele triste e lúgubre cimo do morro, onde o crucificado estremecia de dor e negra espuma saía-lhe da boca; seus braços frágeis não mais aguentavam o peso do corpo, que ficava repuxado para baixo. Foi quando se ouviu seu murmúrio angustiado, pedindo água; um dos guardas colocou uma esponja na ponta de uma lança, embebeu-a em vinagre e levou-a à altura de seus lábios arroxeados. E os soldados, zombando, riam de seu gesto de repulsa, enquanto Jesus exclamava:

— "Perdoa-lhes, Pai; não sabem o que fazem." (Lc 23:34)

E estendendo a vista para mais distante demorou-se no grupo das mulheres, que rodeavam Maria, sua Mãe, formado por Maria

O Redentor

de Magdala, Maria Cléofas, além de João e Tiago; sentindo que o momento final chegara, Jesus concentrou-se de novo em si mesmo e exclamou:

— Pai, faça-se a Tua vontade e não a minha.

Em um último esforço, levantou o corpo, ergueu a cabeça, murmurando:

— Tudo está consumado.

Era a hora nona. Um guarda adiantou-se e feriu o corpo em um lado para verificar se realmente estava morto; pois estava também predito por Zacarias 12:10: "e olharão para mim, a quem traspassaram"; "e farão pranto sobre Ele"; "e chorarão amargamente, como se chora sobre o primogênito".

Capítulo 44

NOS DIAS DA RESURREIÇÃO

Ele tinha dito que, ao terceiro dia, ressuscitaria; e ressuscitou.

Enquanto agonizava na cruz, Arimateia e Nicodemo providenciavam o sepultamento condigno do seu corpo. O primeiro, como fornecedor das tropas romanas e homem rico, tinha boas relações no Procuratorium. Foi a Pilatos e solicitou o corpo, que lhe foi prontamente concedido.

À undécima hora, acompanhado de Nicodemo, dois discípulos deste, Simão de Cirene e dois essênios amigos, foram ao Gólgota.

Permaneciam ali junto à cruz Tiago, João e três mulheres; a Mãe do Rabi estava de pé, olhando o corpo na cruz, do qual nem por um momento desviara a vista enquanto durara a agonia, para que Ele não pensasse, naquela hora terrível, que o abandonava com os seus pensamentos, engolfando-se na própria dor; e que dor! Agora compreendia em toda sua extensão a profecia do Anjo, antes que fosse mãe do Messias, "que seu coração seria traspassado de muitas espadas". Outra, a ex-pecadora de Magdala, estava caída aos pés da cruz, completamente inconsciente; e a terceira era Salomé dos Zebedeus em cujos olhos ainda se notava o espanto e o medo pelo que acontecera assim tão depressa; na sua ingenuidade, chegara mesmo a sonhar com um reinado terrestre no qual seus dois filhos teriam primazia de cargos importantes. Os discípulos estavam também de pé, fixando o Mestre morto, dominados por profundo abatimento. E a contrastar com as expressões

O *Redentor*

amarguradas, os soldados romanos, como sempre brutais e indiferentes, conversavam agrupados a poucos passos dali.

Apresentada a ordem, o corpo foi entregue e a cruz arriada, retirados os pregos e o corpo, envolto em um lençol, foi levado rapidamente morro abaixo e carregado para um horto próximo, pertencente a José de Arimateia e onde havia mandado construir um túmulo para si mesmo, bastante amplo, com uns degraus que desciam a duas peças internas cavadas na rocha.

— Darei meu túmulo ao santo rabi, disse ele, para que seu corpo ali repouse no sono da morte.

As mulheres que acompanharam o corpo, e os discípulos, ficaram de fora, enquanto lá dentro o corpo era ungido como de praxe, trabalhando os amigos rapidamente porque o sábado estava a cair; em seguida retiraram-se, cerrando a entrada com uma laje de pedra.

Quando vinham descendo para a cidade, junto aos muros, deram com o corpo de Judas, enforcado, pendente em uma figueira velha.[44]

No dia seguinte, bem cedo, Caifás, temendo que os discípulos roubassem o corpo para simular que o rabi havia realmente ressuscitado, como prometera, pediu ao Procuratorium uma guarda de soldados romanos e a colocou à porta do túmulo e funcionários do Templo selaram a porta com o selo do sumo-sacerdote.

Assim, o sábado foi transcorrendo lentamente mas, à noite, um grupo de essênios, chefiados por Arimateia, seguiu secretamente para o horto, penetrou na gruta, por uma abertura existente nos fundos e foi então iniciado um estranho cerimonial: preces apenas murmuradas e prolongadas concentrações, até que aos poucos, o sepulcro foi sendo envolvido por uma névoa leitosa, dentro do qual,

---

[44] Ao sair do Templo, alucinado pelo erro que cometera e não suportando tamanho remorso, Judas matou-se e o dinheiro devolvido foi depois destinado pelo Sinédrio à compra do campo de um oleiro, nas imediações da cidade, para cemitério de estrangeiros (versão oficial).

Edgard Armond

de súbito, brilhou violenta fulguração vinda de cima, como uma língua de fogo, que desceu sobre o corpo e o consumiu, restando ali, sobre a laje de pedra somente o lençol que o envolvia.

Era quase madrugada e aquela fulguração despertou os guardas que, atemorizados se afastaram do horto; no mesmo ato, os selos foram arrancados e derrubada a pedra que fechava a entrada da escavação.

No dia seguinte, domingo pela manhã, quando a Mãe de Jesus e outras mulheres foram visitar o túmulo, deram com ele aberto e, olhando para dentro, somente viram o lençol estendido sobre a laje de pedra; e então Maria de Magdala, desorientada, afastou-se do grupo e deu com o Rabi que caminhava para ela; e querendo atirar-se a seus pés, ouviu que lhe dizia: "não me toques" e, logo em seguida: "ainda não subi para meu Pai. Diz a todos que vão para Galileia e que lá estarei com eles". Com isso ficou provada sua ressurreição.

Ainda na capital, Jesus apareceu materializado a dois discípulos (dos 72 que consagrou em Jericó) e que iam para Emaús; bem como, por duas vezes, a vários dos doze, reunidos em uma casa, para tomar decisões, na segunda das quais, estando presente Tomé, que não acreditara no que lhe disseram os outros, fê-lo tocar com a mão em seus ferimentos, para provar-lhe que ressuscitara.

Então partiram todos para a Galileia, onde o Mestre continuou a mostrar-se a eles por muitos dias, realizando a segunda "pesca maravilhosa", reafirmando a designação de Pedro para a chefia do grupo e, como se aproximava o Pentecostes[45] ordenou-lhes que voltassem à capital, onde se daria a descida do Espírito sobre eles.

E ali estando todos ao quadragésimo dia de sua ressurreição, corporificou-se, sentou-se à mesa com eles e fez-lhes suas despedidas finais, determinando a Pedro que apascentasse Seu rebanho.

---

[45] Era a festa da colheita, que durava sete semanas e seu ponto alto se dava no mês do Sivan. As primícias eram para o Templo e os restos eram deixados no chão para os peregrinos, viúvas e órfãos, bem como também os cantos dos campos cultivados.

O Redentor

Em seguida, levou-os ao Jardim do Getsêmani, lugar onde tanto sofrera na noite da prisão e deu-lhes novas instruções, recomendando que se espalhassem pelo mundo difundindo seus ensinamentos, e prometendo que jamais os abandonaria; em seguida, levitou-se para o céu, aos olhos deles e aos poucos desapareceu. E como os discípulos, assombrados, permanecessem olhando para cima, desceram até eles, bem visíveis, dois anjos, dizendo: "varões galileus, por que permaneceis assim, mirando os céus? Este Jesus, que vistes agora subir para Deus, volverá novamente para vós e permanecerá convosco para sempre".

E, com intraduzível emoção, todos eles, batendo no peito, exclamaram: "do mais profundo dos nossos corações, Senhor, que assim seja".

E ao encerrar a narrativa destes fatos disse João, o Evangelista, na sua maneira simbólica:

— "Muitas coisas há que fez Jesus. Se elas fossem escritas uma por uma, nem no mundo inteiro caberiam os livros que se escrevesse."

Sim, porque as consequências morais do que Ele fez e disse, como Messias, realmente, quando aceitas, encherão o mundo de felicidade.

Capítulo 45

CONCLUSÃO

Os materialistas negam que Jesus haja morrido na cruz, por várias razões, dentre outras:

a) Porque a morte na cruz só se dava três a quatro dias após a crucificação, quando Jesus ali permaneceu somente três horas.

b) Porque, após o sepultamento, seu corpo desapareceu, mas foi visto depois por vários discípulos, tomando até refeições com eles, tanto em Jerusalém como na Galileia.

Mas o Espiritismo explica o fenômeno das materializações, e também que Jesus não era um homem comum, vivendo em um corpo comum, e que as coisas com Ele sucederam como convinha que fossem, e não segundo as regras do mundo.

c) Segundo alguns, Jesus foi retirado do sepulcro pelos essênios, que sempre o apoiaram, para que o povo pensasse que de fato ressuscitou e, desta forma, a doutrina que pregara vencesse no mundo, como era necessário, o que também mostramos como não é verdade.

Essa doutrina foi em grande parte deturpada por seus próprios seguidores; mais tarde, no Concílio de Nicéa, oficializada, transformada em força política para servir de apoio ao Império Romano decadente, com a organização de uma clerezia muito semelhante àquela que o próprio Jesus combatera no seu tempo.

O Redentor

Por isso, veio há pouco mais de um século, a terceira revelação, a Doutrina dos Espíritos, destinada a reviver no mundo, na sua pureza original, os ensinamentos redentores que Ele transmitiu.

Como naquela época e, igualmente como sucede com o Espiritismo, Jesus não permanece nos templos de pedra, oferecendo cultos suntuosos e frios, mas nas ruas, nos lares e em recantos humildes e pobres, onde o Evangelho é testemunhado com renúncia e sacrifício.

Por último queremos também considerar que nos derradeiros tempos de sua pregação, no seu julgamento e na morte, pelas razões já expostas, apagada e ausente, porém mais tarde exuberante de devotamento e de desprendimento, foi a ação da maior parte dos discípulos; porém avultou a ação dos essênios, representada por Arimateia e outros, dos quais mui ligeiras alusões se faz nos Evangelhos.

No julgamento perante o Sinédrio, as únicas vozes que se levantaram em defesa do Divino Mestre foram estas, na pessoa de Nicodemo e se seu corpo não permaneceu na cruz, como o de qualquer outro, a eles também se deve isto.

Os apóstolos foram todos santificados, com justiça, aliás, pelos pósteros, porém estes, os essênios nem o foram pela simples lembrança. Por isso aqui lhes deixamos nossa modesta, mas reverente homenagem.

ADENDO

1) Entre os diferentes motivos que tornaram Jesus odiado pelo Sinédrio, estava a sua pregação sobre a desnecessidade do sacerdócio para as ligações com Deus, a inutilidade do sacrifício cruento dos animais e os ritos e formalidades exageradas usadas no culto.

Acima de tudo, a Tora (conjunto de livros e preceitos) era o ensinamento dado na Academia do Sinédrio, que taxava de heresia tudo o quanto divergisse do estabelecido. Esta foi a razão de ela haver declarado heréticos os ensinamentos das escolas de Siracusa, de Pafos, de Alexandria e de Pérgamo.

Como, pois, permitir na Palestina a propaganda da heresia cristã, cujo autor fora por ele, Sinédrio, crucificado, o mesmo pensando em relação ao trabalho de propaganda, realizado pelos apóstolos e discípulos que, por isso, eram perseguidos a ferro e fogo dentro e fora da Palestina?

2) No capítulo 31 — O Quadro dos Discípulos — Notar que o apóstolo Judas Tadeu não era irmão de Jesus (filho de José e de Débora, sua primeira mulher), mas sim de Sultana e Tadeu.

3) A cidade de Magdala, à margem do lago de Genezaré, era um importante entreposto de pesca, com mais de 14.000 habitantes e uns trezentos barcos pesqueiros; cidade de prazeres, mulheres dissolutas, habitada, na sua maior parte, por gregos.

Maria era filha de Stefanus, negociante rico, vindo de Damasco, pessoa importante na colônia grega local.

Foi do terraço de sua casa que ela viu Jesus pela primeira vez, quando ele passava pela estrada, à pequena distância, acompanhado de seus apóstolos e seguidores; esse primeiro encontro influiu poderosamente no seu destino futuro, até levá-la a inscrever-se no rol de seus discípulos mais chegados.

O Redentor

Depois da morte de Jesus, Maria de Magdala cedeu sua casa do lago para nela se instalar um santuário-escola e dedicou-se, em Jerusalém, a assistir leprosos que viviam em suas redondezas e, nesse piedoso trabalho permaneceu vários anos.

Após a morte de Maria de Betânia e de Maria, Mãe do Mestre, refugiou-se em uma das grutas do grupo chamado "As Avós", no deserto da Judeia, anteriormente habitada por João Batista e por André de Tiberíades e ali foi encontrada, tempos depois, por alguns terapeutas essênios que a assistiram até que morresse.

4) Quando, após o Gólgota, no esforço de propaganda, dentro e fora da Palestina, Jesus surpreendia divergências entre os apóstolos ou discípulos e estes se inquietavam pelos falsos ensinamentos que eram espalhados por terceiros, e que surgiam a cada passo, o Mestre lhes dizia, por inspiração mediúnica ou qualquer outro meio: "Os outros tomam rumos errados, mas segui vós por aqueles que lhes apontei; são cegos que conduzem outros cegos e, por certo, que algum dia cairão em abismos, enquanto vós, seguindo pelo caminho certo, seguramente que entrareis no meu reino".

5) O primeiro século do cristianismo foi aquele em que Jesus assistiu diretamente os apóstolos nas suas dificuldades da propaganda, inspirando-os na conduta e nas atividades, mantendo-lhes a fé e as energias físicas.

Durante esse período, criaram-se na Palestina e fora dela, congregações e santuários, para onde convergiam aqueles que desejavam seguir os ensinamentos que os apóstolos transmitiam e onde imperavam o amor, a esperança e a fé em uma vida melhor no futuro.

No século II, deu-se a multiplicação desses agrupamentos, surgindo, então a necessidade da disciplinação dos trabalhos e da hierarquia dos dirigentes e, ainda, as divergências que, aliás, já se haviam manifestado entre os apóstolos desde o século I, sobre interpretações doutrinárias e métodos de propagação.

Essas divergências foram se multiplicando até o século III, formando-se várias seitas e terminando pela fundação da Igreja Católica Romana, que absorveu esse cristianismo nascente.

6) A cidade de Jericó, onde expirou Herodes, o Grande, era dividida em três bairros:

a) O das sinagogas — onde se reuniam os templos mais importantes e conhecidos, havendo, além disso, maior aglomeração de habitantes;

b) o dos palácios — habitado por romanos e gregos, onde se localizavam os templos pagãos, as termas, os teatros e os circos; e

c) o herodiano — onde se situavam as repartições do governo.

E tudo girava em torno ao déspota fundador da dinastia que tem o seu nome e que, por tanto tempo, infelicitou a nação israelita.

7) Já em meados do primeiro século, os ensinamentos cristãos começaram a ser deturpados e o próprio Paulo de Tarso, de todos os apóstolos o mais dinâmico e organizador, no afã de melhor difundir o Evangelho de Jesus, a cujo serviço devotara sua vida, fazia interpretações diferentes dos ensinamentos, para torná-los mais adequados ao entendimento dos gentios, como também organizava congregações, nem sempre semelhantes às da Palestina, valendo-se de sua cultura rabínica e escriturística.

O êxito de sua tarefa deu-lhe grande prestígio, conquanto nem sempre obtivesse o apoio da congregação de Jerusalém, devido a essas diferenças de interpretações doutrinárias.

8) Jesus havia advertido que "morto o pastor, as ovelhas se dispersariam", conforme já o dissera antes o profeta Ezequiel. Isso de fato aconteceu com as perseguições movidas pelo Sinédrio, quando vários discípulos e apóstolos se exilaram da Palestina, refugiando-se em Antióquia, Alexandria, Damasco e Roma, o que aliás, por fim, redundou em benefício, por haver ajudado a propagação.

Começaram a regressar à Palestina vários anos depois, após a morte do velho Hanan e a conversão de Paulo de Tarso.

9) Em meados do primeiro século, com a doutrina já em franca expansão, surgiram dissensões entre propagadores e adeptos, inclusive sobre a exigência do celibato, da circuncisão e a proibição da maternidade e com a alegação de que os doze

**Agora em todas as regiões do Brasil
o número de atendimento telefônico do CVV é**

188

www.cvv.org.br

COMO ?

A ligação é gratuita
de telefone fixo, celular
e orelhão 24 horas, todos
os dias da semana.

O Redentor

Discípulos eram iletrados e não estavam em condições de interpretar convenientemente os ensinamentos de Jesus, havendo em algumas cidades como, por exemplo, em Éfeso, congregações que seguiam Paulo e outras que seguiam a Pedro, o primeiro pregando a independência do cristianismo em relação ao judaísmo e o último seguindo a linha traçada pela congregação, de respeito a várias regras da Tora judaica.

As dissensões cresceram e culminaram mais tarde na criação de inúmeras seitas cristãs, que seguiam as doutrinas expostas pelos diferentes evangelhos discriminados no capítulo 1 desta obra.